践行总体国家安全观精品教材

根据《大中小学国家安全教育指导纲要》编写

国家安全教育

学习辅导与案例选编

主审　李先德

主编　王洪生

教·学
资　源

航空工业出版社

北　京

内 容 提 要

本书依据教育部发布的《大中小学国家安全教育指导纲要》编写而成。全书共有 11 章，每章均遵循学习、思考与实践的逻辑顺序，设有"学以明义""思以辨理""行以修身"三大模块。这三个模块紧密相连、层层递进，共同构成了一个完整且系统的学习体系，能帮助大学生深刻理解总体国家安全观的科学内涵及其重要意义，增强维护和塑造国家安全的意识，提高维护和塑造国家安全的能力。

本书内容编排科学、合理，表述准确、严谨，模块设计新颖、实用，案例和实践活动丰富、典型，可作为各类院校学生学习国家安全相关课程的参考用书。

图书在版编目（CIP）数据

国家安全教育学习辅导与案例选编 ／ 王洪生主编
. -- 北京 ： 航空工业出版社，2025.1
ISBN 978-7-5165-3761-9

Ⅰ．①国… Ⅱ．①王… Ⅲ．①国家安全－安全教育－中国－高等学校－教材 Ⅳ．①D631

中国国家版本馆 CIP 数据核字(2024)第 108390 号

国家安全教育学习辅导与案例选编
Guojia Anquan Jiaoyu Xuexi Fudao yu Anli Xuanbian

航空工业出版社出版发行
（北京市朝阳区京顺路 5 号曙光大厦 C 座四层　100028）

发行部电话：010-85672666　010-85672683　　读者服务热线：010-85672635

北京同文印刷有限责任公司印刷　　　　　　　　全国各地新华书店经售
2025 年 1 月第 1 版　　　　　　　　　　　　　　2025 年 1 月第 1 次印刷
开本：787×1092　1/16　　　　　　　　　　　　字数：225 千字
印张：9.75　　　　　　　　　　　　　　　　　　定价：38.00 元

2 体例丰富，激发大学生学习国家安全兴趣

本书以匠心独运的章节布局，生动展现了国家安全的丰富内涵。全书围绕"学以明义""思以辨理""行以修身"三大模块精心编排，巧妙设置"案例引入""学习引航""要点击破""自测自评""以案说理""看鉴历史"等多样化体例。这一设计不仅极大地丰富了学习维度，还能够激发大学生对国家安全的探索兴趣，让课堂充满生机与活力。

3 理实一体，促使大学生切实担负时代责任

本书精心设置了丰富的习题，便于大学生在学习过程中即时练习和巩固所学知识。同时，本书还紧密围绕课程的重点、难点、热点及实践要求，规划了形式多元且精彩纷呈的实践活动。这一系列设计，有助于大学生将抽象理论巧妙融入具体实践，实现知行合一，切实担负起构筑维护国家安全合力的时代责任。

4 科技赋能，显著提升师生教学与学习效果

本书配有丰富的数字资源，大学生可以借助手机或其他移动设备扫描二维码，观看相关微课视频，也可以登录文旌综合教育平台"文旌课堂"查看和下载本书的配套资源（如习题答案等）。

此外，本书还提供了在线题库，支持"教学作业，一键发布"，教师只需通过微信或"文旌课堂"App扫描扉页二维码，即可迅速选题、一键发布、智能批改，并查看学生的作业分析报告，提高教学效率、提升教学体验。学生可在线完成作业，巩固所学知识，提高学习效率。

本书由李先德担任主审，王洪生担任主编，张锴、罗佳佳担任副主编。本书在编写过程中，参考了大量的资料并引用了部分文章。这些引用的资料大部分已获授权，但由于部分资料来自网络，我们暂时无法联系到原作者。对此，我们深表歉意，并欢迎原作者随时与我们联系，我们将按规定支付稿酬。此外，由于编者水平有限，书中难免存在疏漏与不当之处，敬请广大读者批评指正。

🔍 | 本书配套资源下载网址和联系方式

🌐 网址：https://www.wenjingketang.com
📞 电话：400-117-9835
✉ 邮箱：book@wenjingketang.com

国家安全是国家生存发展的前提、人民幸福安康的基础、中国特色社会主义事业的重要保障。"安而不忘危，存而不忘亡，治而不忘乱"，居安思危是治国理政的重大原则，国泰民安是人民群众最基本、最普遍的愿望。

2014 年 4 月 15 日，习近平总书记在中央国家安全委员会第一次全体会议上首次提出总体国家安全观重大战略思想，强调当前我国国家安全内涵和外延比历史上任何时候都要丰富，时空领域比历史上任何时候都要宽广，内外因素比历史上任何时候都要复杂，必须坚持总体国家安全观，走中国特色国家安全道路。

党的二十大报告中明确提出，要"推进国家安全体系和能力现代化，坚决维护国家安全和社会稳定"，特别强调"必须坚定不移贯彻总体国家安全观，把维护国家安全贯穿党和国家工作各方面全过程"。

鉴于国家安全的重要性和总体国家安全观的战略意义，以及教育部门致力于推动总体国家安全观深入教育体系的需求，我们特编写了此书，旨在切实用总体国家安全观武装大学生头脑，引导他们成为总体国家安全观的坚定践行者。

整体而言，本书具有以下特色。

1 铸魂育人，引导大学生深植国家安全理念

本书积极落实教育立德树人的根本任务，巧妙地将以爱国主义为核心的民族精神、以改革创新为核心的时代精神等有机地融入正文，旨在引导大学生深植国家安全理念，树立正确的世界观、人生观、价值观。

例如，在"要点击破"部分，巧妙运用问答模式，精准提炼并阐述了总体国家安全观的核心知识，能够强化大学生对总体国家安全观的记忆与深刻领悟；在"以案说理"和"看鉴历史"部分，则精心筛选了紧贴时代脉搏的最新案例与具有深远影响的历史素材，能够引导大学生立足现实，透视历史，深刻体会总体国家安全观的时代价值与深远意义，让国家安全理念真正深入人心。

目录

CONTENTS

导　论

案例引入 ——从国际形势看我国国家安全面临的重大挑战

2021 年，全球能源危机持续发酵，石油、天然气等能源的价格剧烈波动，导致全球多地生产成本上升，通货膨胀压力增大，经济增长放缓，全球经济运行的风险和不确定性也随之不断增加；2023 年，全球 46 个国家和地区共发生 7 000 余起恐怖袭击事件，造成数以万计人员伤亡，给各国人民带来了深重的痛苦、恐惧与灾难，严重威胁到了国际和平与安全……

当前，错综复杂的国际环境带来的新矛盾新挑战，使我国国家安全面临更趋复杂严峻的形势。放眼未来，百年未有之大变局将加速向纵深演进，国际安全形势会更加云谲波诡，我国也将面临前所未有的压力和挑战。在此形势下，如何认识和维护我国的国家安全已然成为需要重点关注的课题。

学习引航

知识目标

- ✿ 深刻认识新时代我国国家安全形势。
- ✿ 明确对大学生开展国家安全教育的重要意义。
- ✿ 掌握学习总体国家安全观的主要要求和基本方法。

素质目标

- ✿ 坚定理想信念，厚植爱国情怀，增强民族自豪感和自信心。
- ✿ 增强维护和塑造国家安全的责任感，切实担负起构筑维护国家安全合力的时代责任。

学 以明义

 要点击破

○ **请你思考**：国家安全的内涵是什么？

● **内容点拨**：国家安全是指一个国家政权、主权、统一和领土完整、人民福祉、经济社会可持续发展和国家其他重大利益相对处于没有危险和不受内外威胁的状态，以及保障、维护和塑造持续安全状态的能力。

维护国家安全，你我有责

○ **请你思考**：我国国家安全面临的新形势新任务是什么？

● **内容点拨**：（1）国家安全形势更趋复杂。

（2）发展和安全利益面临重大挑战。

（3）传统和非传统安全威胁重叠交织。

（4）国际和国内安全风险传导联动。

○ **请你思考**：如何理解当前国际形势的复杂性与严峻性？

● **内容点拨**：当前，世界百年未有之大变局加速演进，国际局势纷繁复杂、云谲波诡。世界进入新的动荡变革期，单边主义、保护主义、霸权主义、强权政治对世界和平与发展威胁上升，经济全球化遭遇逆流，世界经济增长乏力，发展鸿沟日益突出，兵戎相见时有发生，冷战思维阴魂不散，恐怖主义、难民危机、重大传染性疾病、气候变化等非传统安全威胁持续蔓延，贫富分化、环境危机、能源枯竭、太空无序开发等全球性问题加剧，国际安全环境日趋复杂严峻，不确定、不稳定、难预料因素增多。

○ **请你思考**：在全面建设社会主义现代化国家的新征程上，我国面临的风险挑战主要有哪些？

● **内容点拨**：发展不平衡不充分问题仍然突出，推进高质量发展还有很多卡点和瓶颈，科技创新能力还不强；确保粮食、能源、产业链供应链可靠安全和防范金融风险还须解决许多重大问题；意识形态领域存在不少挑战；生态环境保护任务依然艰巨；等等。

○ **请你思考**：为什么要加强大学生国家安全教育？

● **内容点拨**：（1）加强大学生国家安全教育是培养担当民族复兴大任的时代新人的客观要求。

（2）加强大学生国家安全教育是增强新时代大学生政治素质的重要举措。

（3）加强大学生国家安全教育是构筑维护国家安全合力的基本要求。

○ **请你思考**：为什么要深入学习贯彻总体国家安全观？

● **内容点拨**：总体国家安全观深刻回答了如何既解决好大国发展进程中面临的共性安全问题，又处理好中华民族伟大复兴关键阶段面临的特殊安全问题这个重大时代课题，推动国家安全理论和实践实现历史性飞跃，是指导新时代我国国家安全工作的思想武器、根本遵循和实践指南，也是开展国家安全教育的理论指导、主体内容和行动纲领。面对复杂严峻的国家安全形势，必须深入学习贯彻总体国家安全观，提高应对风险挑战能力，切实把学习成效转化为坚决维护国家主权、安全、发展利益的生动实践。

自测自评

一、不定项选择题

1. 下列选项中，不属于传统安全领域的是（　　）。

　　A．政治安全　　　B．经济安全　　　C．国土安全　　　D．军事安全

2. 小张认为，自改革开放以来，我国积累了强大的实力，再也不用担心国家安全问题了。你认为小张的观点（　　）。

　　A．正确，我国实力雄厚，其他国家无法对我国国家安全构成威胁

　　B．错误，我国面临的国家安全问题无法化解

　　C．正确，我们生活在和平的年代，国家安全不会受到威胁

　　D．错误，当今世界国际关系复杂多变，我国国家安全面临更趋复杂严峻的挑战

3. 党的二十大作出全面加强国家安全教育的重大决策部署。在复杂严峻的国家安全形势下，加强大学生国家安全教育能够（　　）。

　　A．指导大学生防范校园欺凌　　　B．帮助大学生保持良好的心理健康状态

　　C．提升大学生的专业技能和就业能力　　D．培养大学生的国家安全意识和保密意识

4. 当前，世界之变、时代之变、历史之变正以前所未有的方式展开。面对复杂的国际国内环境，我国必须重视国家安全问题，深入学习贯彻总体国家安全观。这是因为（　　）。

　　A．维护国家主权、安全是推动发展、实现发展利益的根本保证

　　B．国家安全是民族复兴的根基

C．维护国家安全人人可为

D．保证人民安居乐业，国家安全是头等大事

5．在百年未有之大变局下，我国的发展和安全利益面临着严峻的外部挑战。为此，我国必须（　　）。

A．坚持总体国家安全观

B．发挥青年学生在维护国家安全中的中坚作用

C．走出一条中国特色国家安全道路

D．优先保证国家安全，再谈国家发展

二、判断题

1．只有发展才会带来真正的安全，不发展是最大的不安全。　　　　（　　）

2．当代中国青年要有所作为，就必须投身人民的伟大奋斗。　　　　（　　）

3．总体国家安全观专注回答如何处理好中华民族伟大复兴关键阶段面临的特殊安全问题这个重大时代课题，对于大国发展进程中面临的共性安全问题未多加论述。（　　）

三、简答题

1．在"两个大局"加速演进并深刻互动的时代背景下，我国国家安全面临着怎样的国际国内环境？

2．为什么要不断加强大学生国家安全教育？

3．在学习国家安全教育课程的过程中，大学生应该怎么做？

以案说理

各地各校多形式开展全民国家安全教育——
总体国家安全观深入学子心

2024 年 4 月 15 日是我国第 9 个全民国家安全教育日。为推动国家安全宣传教育广泛深入开展，进一步强化全体师生的国家安全意识，各地各校围绕"总体国家安全观·创新引领 10 周年"活动主题开展了丰富多彩的活动。

精心上好国家安全教育公开课

各地学校聚焦国家安全教育责任，利用课堂主阵地精心筹备国家安全教育公开课，开展国家安全教育。

大连理工大学以丰富的红色文化资源为内容，以数字化、智能化、网络化为媒介，专门开设了国家安全教育主题成长公开课。在公开课上，一名大学生轻轻点开虚拟环境中的"安"字标识，东北抗日义勇军纪念馆场景随即展现在眼前；学生辅导员化身讲解员，在历史、现实、网络的空间中以深入浅出的话语讲述守护国家文化安全的重要意义；通过"云游"中国工业博物馆，大学生们在一件件工业文物中拾起国家工业发展的记忆，感受工业发展与国家经济腾飞的不凡历程……

华东理工大学组织 18 个学院的学生结合各自专业特色，通过"请进来+走出去"的形式，实地研学、宣讲国家安全知识，进行国家安全教育，吸引了 2 万余名学生参与，进一步帮助学生树立了国家安全意识。

用心策划国家安全教育日活动

喜闻乐见的活动是宣传国家安全教育的载体，许多学校在校园内开展了形式多样的国家安全教育活动，以增强全校师生的国家安全意识。

黑龙江大学举行了全民国家安全教育日主题升旗仪式。在升旗仪式上，学校国旗护卫队迈着整齐的步伐护送着五星红旗走向旗杆，学生军乐团倾情演奏《义勇军进行曲》，全校师生注视着五星红旗冉冉升起，并在国旗下庄严宣誓。"坚定不移践行总体国家安全观，牢固树立国家安全意识"的铮铮誓言响彻校园。

充满趣味的"心系国安，强国有我"主题游园会，拉开了石河子大学国家安全宣传教育系列活动的序幕。主题游园会共设有"总体国家安全观""领事保护进校园"等 4 个区域，吸引了千余名师生的参与。此外，为引导师生挺膺担当、共筑国家安全防线，石河子大学还开展了国家安全宣传教育创意作品征集、"我眼中的国家安全"视频征集、国家安全主题演讲比赛等形式多样的活动，形成了以系列主题教育为载体的常态化国家安全宣传教育机制。

多部门联合开展多样化国家安全教育

多地学校以全民国家安全教育日为契机，联合多个部门开展活动，以提升学生国家安全素养。

内蒙古自治区教育厅举行"青春集结 安全北疆"全民国家安全教育日启动仪式。活动现场，内蒙古自治区党委政法委、内蒙古自治区国家安全厅、内蒙古自治区公安厅反恐怖总队等工作人员分别进行现场宣讲。同时还有专家分赴内蒙古科技大学、包头师范学院等高校，同步开讲国家安全教育大课堂，引导师生深入领会总体国家安全观的深刻内涵。

中共河北省委国安办、河北省教育厅、河北省国家安全厅等联合主办"千万师生同上一堂国家安全教育课"活动，紧密结合当前国家安全形势任务、经济社会热点问题和在校师生思想状况，精心策划系列专题教育，引导师生感受近年来国家安全工作取得的巨大成就并积极践行总体国家安全观，使关心国家安全、维护国家安全成为师生的思想共识和行动自觉。

（资料来源：刘玉、曹曦、孙军等，《各地各校多形式开展全民国家安全教育——总体国家安全观深入学子心》，《中国教育报》，2024 年 4 月 16 日）

评析：

党的二十大作出了全面加强国家安全教育的重大决策部署。在复杂严峻的国家安全形势下，加强大学生国家安全教育是维护和塑造国家安全的重要基础，也是培养和造就新时代好青年的应有之义。

高校作为青年学生培养教育的主阵地，在推进新时代大学生国家安全教育、推动青年学生积极主动参与维护国家安全的宣传教育活动、增强广大师生的国家安全意识、履行维护国家安全的责任和义务方面，具有十分重要、不可替代的作用。因此，各高校必须开展坚持总体国家安全观的思想政治教育工作，把广大青年学生培养成维护国家安全的时代力量，筑牢新时代高校维护国家安全的青年防线。

同时，各高校学生群体必须在学习国家安全教育课程的过程中，牢牢把握总体国家安全观的重要内容，不断提升自身的整体理论素养和政治素质，锻造维护和塑造国家安全的能力和本领。

震惊世界的"东方巨响"

20世纪五六十年代，中国面临着严峻的国际形势，研制核武器、发展原子能工业成为国家独立、民族自强的重要保障。

震惊世界的"东方巨响"

1964年10月16日，伴随着一声巨响，巨大的蘑菇云从罗布泊腾空而起，中国第一颗原子弹爆炸成功。这声"东方巨响"震惊了世界，震碎了超级大国的核垄断和核讹诈，让中华民族的腰杆挺得更直了。无数科研人员的艰苦努力和默默奉献，筑起了中华人民共和国的安全屏障，向世界展示了中国的科技力量，也意味着我国具备了保家卫国、维护世界和平的能力和手段。

扫描二维码"震惊世界的'东方巨响'"，回眸历史，思考强国背后的支撑要素。然后，谈谈你认为与20世纪五六十年代相比，21世纪我国面临的国际形势发生了哪些变化，以及当前我国国家安全面临着怎样的外部环境。

行 以修身

观影：感悟新时代国家安全成就

活动背景

2024年4月15日，在总体国家安全观提出10周年之际，中央广播电视总台社教节目中心法制部制作了一期特别节目——《在总体国家安全观引领下》。该节目讲述了总体国家安全观的提出过程及深刻内涵，并结合南昌舰不辱使命、"华龙一号"创新安全设计、一汽红旗攻克核心技术、香港出租车司机敬业奉献、数字敦煌用科技守护文化安全、牧民兰则种草恢复三江源生态、种粮大户用科技保障粮食安全等故事，系统展示了过去10年在总体国家安全观引领下，我国在国家安全各方面取得的突出成就。

活动步骤

（1）班委成员确定观看《在总体国家安全观引领下》节目的时间和地点，并将确定的结果告知全班同学。地点可以选择教室、学生活动中心或多媒体室，但需确保所选地点的观影设备能够正常使用。

（2）全班同学在指定时间到达指定地点进行观影。在观影前，班委成员简要介绍此次活动的目的，让全班同学明确参加该活动的意义。

（3）介绍完毕后，班委成员播放《在总体国家安全观引领下》节目，并确保观影环境安静、舒适，以便全班同学能够专心观看。

（4）观影后，班委成员组织全班同学分享自己的感悟，具体内容包括以下几点：① 介绍自己从《在总体国家安全观引领下》节目中学到的新知识；② 谈谈国家安全与个人、社会、国家之间的关系；③ 列举自己了解的有关国家安全的真实案例，并谈谈自己对总体国家安全观的认识与感受。

活动拓展

（1）《在总体国家安全观引领下》节目展现了 2014 年至 2024 年间，我国在总体国家安全观这一根本遵循和行动指南的引领下，于国家安全工作中取得的辉煌成就。该节目呈现了大量真实事件，请你选择一个令你感触最深的真实事件，深入了解这一事件发生的背景、经过和结果，然后，写一段话来介绍该事件（不少于 300 字）。

（2）国家安全无小事。在此次观影活动中，相信每位同学都深刻认识到了国家安全对国家生存与发展的重要性。在维护国家安全上，人人都不是局外人、旁观者。请思考：作为新时代的大学生，你能为国家安全做些什么？然后，以"国家安全，从我做起"为主题，撰写一篇面向广大青年群体的倡议书，注意内容与格式，字数不限。

活动评价

全班同学可参考表 0-1 对自己在活动中的表现进行评价，并请教师进行点评。

表 0-1 实践活动评价表

考核内容	评价标准	分值	得分
活动实施	认真观看节目，同时记录自己的所思所想	10	
	能够积极与他人交流活动感悟，分享自己对总体国家安全观的认识与感受	20	
活动成果	所撰写的事件简介能够准确地概括所选真实事件的起因、经过和结果	20	
	所撰写的倡议书内容全面且贴合大学生的生活实际，格式符合要求，语言流畅，感情真挚	30	
综合素养	能够深刻理解总体国家安全观的科学内涵，并从中汲取智慧和力量	10	
	能够树立国家安全意识，自觉维护国家安全	10	
合计		100	
教师评价			

第一章

完整准确领会总体国家安全观

案例引入 —— "小包裹"里的"大安全"

"叮咚！您好，有您的快递！"这样的场景大家可能都不陌生，收快递几乎已经成为每个人生活中不可或缺的一部分。小小的快递包裹，连接着千家万户，也关系着国家安全。

近年来，我国国家安全机关在工作中发现，一些不法分子利用快递运输枪爆物品、毒品等，实施危害国家安全和人民生命财产安全的行为；一些境外反华敌对势力通过寄递渠道传输各类非法书刊、传单、音像制品等，向境内开展渗透；一些国家通过寄递渠道对我国开展情报窃密等活动；一些独有动植物样本、稀缺金属资源等通过寄递渠道流向境外，对我国非传统安全构成现实威胁……

小小的快递包裹背后竟隐藏着多个方面的国家安全风险，这警示我们，必须从总体国家安全观的高度出发，全面、系统地认识和应对相互联系、相互影响的各类国家安全风险挑战。

学习引航

知识目标

- ✧ 了解总体国家安全观的创立过程，理解创造性提出总体国家安全观的重大意义。
- ✧ 明确总体国家安全观的科学内涵。
- ✧ 熟悉总体国家安全观的重点领域和基本特征。

素质目标

- ✧ 增强学习贯彻总体国家安全观的思想自觉、理论自觉和实践自觉。
- ✧ 增强忧患意识，做到居安思危、知危图安。

学 以明义

 要点击破

○ **请你思考：** "总体国家安全观"的概念首次被正式提出是在何时何地？

● **内容点拨：** 2014年4月15日，习近平总书记在十八届中央国家安全委员会第一次会议上，创造性提出"总体国家安全观"的概念并阐述其科学内涵。

总体国家安全观的发展历程

○ **请你思考：** 总体国家安全观的提出有哪些重要意义？

● **内容点拨：**（1）时代意义。总体国家安全观深刻反映了新时代中国共产党在统筹中华民族伟大复兴战略全局和世界百年未有之大变局中对维护和塑造国家安全的战略思考和科学回答，指导新时代中国发展在世界大变局中开创新局，在世界乱局中化危为机，不断在更高水平上实现对发展和安全的统筹，这是对如何在推动构建人类命运共同体中实现世界普遍安全这一课题的科学回答。

（2）政治意义。总体国家安全观深刻反映了时代变革和发展对国家安全工作的规律性新要求，为增强做好新时代国家安全工作的政治判断力、政治领悟力和政治执行力提供了指导。

（3）理论意义。第一，对马克思主义国家安全理论作出了重大原创性贡献；第二，继承创新了中华优秀传统战略文化；第三，推进了世界安全理论的创新。

（4）实践意义。总体国家安全观是新时代国家安全工作的根本遵循和行动指南。

○ **请你思考：** 总体国家安全观核心要义的集中体现是什么？

● **内容点拨：** "十个坚持"，即坚持党对国家安全工作的绝对领导，坚持中国特色国家安全道路，坚持以人民安全为宗旨，坚持统筹发展和安全，坚持把政治安全放在首要位置，坚持统筹推进各领域安全，坚持把防范化解国家安全风险摆在突出位置，坚持推进国际共同安全，坚持推进国家安全体系和能力现代化，坚持加强国家安全干部队伍建设。

○ **请你思考**：总体国家安全观中蕴含的系统思维和科学方法主要体现在哪些方面？

● **内容点拨**："五个统筹"，即统筹发展和安全、统筹开放和安全、统筹传统安全和非传统安全、统筹自身安全和共同安全、统筹维护国家安全和塑造国家安全。

○ **请你思考**：总体国家安全观涵盖哪些重点领域？

● **内容点拨**：总体国家安全观涵盖的重点领域包括政治安全，国土安全，军事安全，经济安全，金融安全，文化安全，社会安全，科技安全，网络、人工智能、数据安全，粮食安全，生态安全，资源安全，核安全，海外利益安全，生物安全，太空安全，深海安全，极地安全等多种领域安全，这些重点领域构成了新时代我国国家安全的主阵地和主战场。

○ **请你思考**：如何理解总体国家安全观的关键在"总体"？

● **内容点拨**：国家安全已不仅仅是传统的政治、国土、军事安全，也不是传统安全和非传统安全的简单相加，更不是各领域安全的机械叠加，而是传统安全和非传统安全有机融合、彼此融通构成的系统和整体。概括地讲，总体国家安全观具有 4 个基本特征。第一，涵盖领域上的全面性；第二，认识方法上的系统性；第三，实践推进上的统筹性；第四，安全效果上的可持续性。

自测自评

一、不定项选择题

1. 在社会主义革命和建设时期，以毛泽东同志为主要代表的中国共产党人，将保卫新生的人民民主政权，（　　）作为国家安全工作的首要任务。

　　A. 建立强大的国防军　　　　　　　B. 维护国家独立、主权和领土完整

　　C. 维护国家主权、安全、发展利益　　D. 维护国家的主权和安全

2. 党的（　　）将坚持总体国家安全观纳入新时代坚持和发展中国特色社会主义的基本方略，并写入党章。

　　A. 十七大　　　　　　　　　　　　B. 十八大

　　C. 十九大　　　　　　　　　　　　D. 二十大

3. 坚持总体国家安全观，要坚持以（　　）为宗旨。

　　A. 政治安全　　　　　　　　　　　B. 人民安全

　　C. 经济安全　　　　　　　　　　　D. 军事、科技、文化、社会安全

4. 总体国家安全观的"十个坚持"指出，要坚持把（　　）摆在突出位置。

　　A. 防范化解国家安全风险　　　　　B. 统筹发展和安全

　　C. 政治安全　　　　　　　　　　　D. 推进国家安全体系和能力现代化

5. 在新时代的背景下,总体国家安全观的提出具有重大理论意义,这具体体现在( )。

    A. 对马克思主义国家安全理论作出了重大原创性贡献

    B. 继承创新了中华优秀传统战略文化

    C. 推进了世界安全理论的创新

    D. 是新时代国家安全工作的根本遵循和行动指南

6. 总体国家安全观着眼于中国特色社会主义事业全局,强调国家安全工作的( )。

    A. 全面性   B. 特殊性

    C. 系统性   D. 整体性

二、判断题

1. 维护国家安全是总体国家安全观的基本要求,塑造国家安全则是更高层次更具前瞻性的目标要求。   ( )

2. 意识形态安全属于文化领域的国家安全。   ( )

3. 生态安全问题时常导致资源安全问题。   ( )

三、简答题

1. 简述总体国家安全观的"十个坚持"。

2. 简述总体国家安全观的"五个统筹"。

3. 总体国家安全观的基本特征是什么?

以案说理

>>案例 ①

识破非传统领域危害国家安全行为

随着我国综合国力的不断提升，境外间谍情报机关及反华敌对势力危害我国国家安全的行为已经不再局限于传统安全领域。非传统安全领域的敌情形势，也给我国经济社会安全平稳发展带来风险隐患。一些组织和人员，打着境外非政府组织、调查咨询公司、高科技公司等旗号，从经济、生物、科技等领域入手，妄图在我国人权、产业链供应链等领域"作文章"，对我国国家安全造成危害。

李某是广东省深圳市一家调查咨询公司的负责人，他所经营的公司主要为境外公司提供供应链风险审核服务。为谋求更多发展机会，几年前，李某的公司与境外非政府组织开展了合作。在合作过程中，李某慢慢发现，这个境外非政府组织的态度渐渐发生了变化，他们对中国企业的审核标准越来越细，特别是针对新疆劳动者的劳动状况等内容提出了新的审核要求。

尽管李某已经发觉，该境外非政府组织积极搜集所谓新疆"人权问题"的信息，是为了炮制"强迫劳动"的谎言，为反华敌对势力操弄涉疆问题、实施涉疆制裁提供"背书"，但为了追求经济利益，他仍然承接且执行了相关调查项目，给我国国家安全和国家利益带来了风险隐患。

广东省国家安全机关依据《中华人民共和国反间谍法》《中华人民共和国反间谍法实施细则》《反间谍安全防范工作规定》对李某予以处罚，并责令其公司实施整改。

与此同时，还有一些境外组织和人员，以"友善面孔"接近我国公民，以不易察觉的方式实施危害我国国家安全的行为，对我国传统安全和非传统安全均构成了严重威胁。

2019年8月，辽宁省大连市一名海参养殖户张先生向国家安全机关举报称，两个月前，他的养殖场迎来了几名不速之客。当时，黄某带领数名外籍人员，以免费安装海水质量监测设备为名，在张先生的海参养殖场安装了海洋水文监测设备和海空监控摄录设备。

此后，张先生逐渐发现，海洋水文监测设备的数据被源源不断地传输至境外，且很多数据与海参养殖并无关系，那些海空监控摄录设备对海参养殖更是毫无意义。张先生感觉情况可疑，便拨打12339向国家安全机关进行了举报。

经鉴定，黄某等人在我国海域非法安装的监测设备，观测范围涉及我国空中军事行动区域，可以对我国非开放海域潮汐、海流等重要敏感数据进行实时监测，对我国海洋权益及军事安全构成严重威胁。根据举报信息，辽宁省国家安全机关对黄某及数名外籍人员依法采取强制措施，并收缴了监测设备。黄某等人如实交代了非法窃取我国海洋水文数据和海空军事影像的违法犯罪事实。

（资料来源：杜洋，《增强国家安全意识 筑牢国家安全防线》，

《法治日报》，2023 年 4 月 15 日）

评析：

> 如今，国家安全的范畴已不再局限于政治、国土、军事等传统领域，而是拓展到了经济、科技、生态、网络等多个领域。为了维护国家安全，我国必须综合考虑各个领域面临的风险与挑战，以总体国家安全观为根本遵循和行动指南，关注各领域安全问题的关联性，把各领域涉及国家安全的实践统筹到国家安全的总体谋划中，采取综合性的措施和手段来应对各种安全威胁和挑战。
>
> 与此同时，作为维护国家安全的重要力量，新时代的大学生应深入掌握危害国家安全的各类新行为新动向，做到既能够识别传统安全领域危害国家安全的行为，又能够识破非传统安全重点领域危害国家安全的行为，增强国家安全意识，筑牢国家安全防线。

案例 ②

全球安全倡议——中国方案引领全球安全治理

近年来，百年变局加速演进，国际局势变乱交织，全球性安全挑战层出不穷，国际社会对世界和平的期盼愈发殷切，共同安全理念日益深入人心。

2022 年 4 月 21 日，习近平主席在博鳌亚洲论坛年会开幕式上提出全球安全倡议，为推动国际社会以合力破解安全困境贡献了中国方案。

大道不孤，众行致远

全球安全倡议植根于真正的多边主义理念，呼吁世界各国遵守联合国宪章宗旨和原则，摒弃零和博弈、阵营对抗的过时观念，倡导走对话而不对抗、结伴而不结盟、共赢而非零和的新型安全之路，符合国际社会维护世界和平的共同愿望。截至 2024 年，全球安全倡议已经获得 100 多个国家和国际组织的支持、赞赏，并被写入多份中国与其他国家、国际组织交往合作的双多边文件。

单则易折，众则难摧

中国践行全球安全倡议，致力于推动国际安全合作。2023 年 2 月，中国发布《全球安

全倡议概念文件》，明确提出 20 个重点合作方向和 5 大类合作平台机制。中国还发起《全球数据安全倡议》《全球人工智能治理倡议》等，推动完善新疆域治理规则，引领新兴领域国际安全机制建设和治理进程。此外，中国还积极推动上海合作组织、亚洲相互协作与信任措施会议机制、东亚合作机制等框架下安全领域交流合作，引领地区安全合作不断前行。

心系苍生，知行合一

中国军队是全球安全倡议的忠实践行者，致力于为国际社会提供更多公共安全产品。

截至 2024 年，中国维和官兵的足迹已遍布世界 20 多个国家和地区，监督停火、安全护卫、稳定局势、保护平民、紧急救援，中国"蓝盔"用汗水甚至鲜血履行使命；在亚丁湾、索马里海域，中国海军连续十余年派出护航编队，为 7 200 余艘中外船舶护航，其中外国船舶占比超过 50%；"和平方舟"号医院船 11 次走出国门，航迹遍布 45 个国家和地区，为 29 万外国民众提供医疗服务；阿富汗地震、汤加火山喷发和海啸、巴基斯坦洪涝灾害，中国空军"鲲鹏"振翅，一次次执行人道主义救援任务，第一时间为灾区送去急需物资。

此外，中国军队持续打造北京香山论坛、中非和平安全论坛、中拉高级防务论坛等国际安全交流对话平台，为各国军队合作应对安全挑战汇聚更多共识，凝聚更多力量。

当今世界并不太平，但中国坚信，和平、发展、合作、共赢的历史潮流不可阻挡。中国将继续深入践行全球安全倡议，坚定做世界和平的建设者、全球发展的贡献者、国际秩序的维护者。中国军队也将一如既往，为促进人类共同安全、世界持久和平做出积极贡献。

（资料来源：马愿，《全球安全倡议——中国方案引领全球安全治理》，

中国新闻网，2024 年 5 月 30 日）

 评析：

> 人类是不可分割的安全共同体。全球安全倡议是习近平外交思想在国际安全领域的重要应用成果，更是对西方地缘政治安全理论的超越。这一倡议倡导以团结精神适应深刻调整的国际格局，以共赢思维应对复杂交织的安全挑战，旨在消弭国际冲突根源、完善全球安全治理，推动国际社会携手为动荡变化的时代注入更多稳定性和确定性，实现世界持久和平与发展。这一倡议为弥补和平赤字、破解全球安全困境、实现世界长治久安提供了新方向、新路径、新方案，呼应了和平、发展、合作、共赢的时代潮流，体现了推动构建人类命运共同体的目标要求，彰显了鲜明的中国智慧、中国气派和中国担当。

也门撤侨，祖国永远是靠山

2015 年 3 月 26 日，沙特阿拉伯王国等国对也门共和国展开空袭，也门共和国局势突然恶化，战火四起。随着战火蔓延，在也中国公民处境日益危险。

也门撤侨

中国政府高度重视在也中国公民的生命安危，果断作出撤侨决定。从 3 月 26 日深夜中国海军舰队接到撤侨命令，到 3 月 30 日所有需要撤出也门共和国的中国公民全部安全撤离，一共不到 5 天的时间，也门撤侨行动圆满完成。如此安全、高效、顺畅的撤侨行动，彰显了我国怎样的国家安全理念？

扫描二维码"也门撤侨"，感受也门撤侨行动背后彰显的总体国家安全观。然后，谈谈你对总体国家安全观中"以人民安全为宗旨"这一核心要义的看法。

行 以修身

谁是卧底：解锁国家安全各领域

活动背景

2014 年 4 月 15 日，习近平总书记在主持召开中央国家安全委员会第一次会议时强调，当前我国国家安全内涵和外延比历史上任何时候都要丰富，时空领域比历史上任何时候都要宽广，内外因素比历史上任何时候都要复杂，必须坚持总体国家安全观。随着时代和实践的发展，总体国家安全观涵盖的领域还将进一步扩大和发展。为深入了解总体国家安全观涵盖的重点领域，学习和领悟国家安全知识，请同学们开展一次"谁是卧底"游戏活动。

活动步骤

（1）前期准备。班长准备若干副卡片（每副有 6 张卡片），在每副卡片的其中 4 张上写上同样的词（总体国家安全观涵盖的某个领域），作为"平民词"；另外 2 张上写上与"平民词"不同的词（总体国家安全观涵盖的某个其他领域），作为"卧底词"。

需要注意的是，"平民词"和"卧底词"应尽量紧密相关，如"生物安全"和"生态

安全"、"科技安全"和"人工智能安全"、"经济安全"和"金融安全"、"粮食安全"和"资源安全"等。另外，为增强游戏效果，班长可将每副卡片装入信封并编号，以免同学们在游戏开始前提前知晓所要描述的词。

（2）全班同学自由组合成若干小组，每组 6 人（人数可根据实际情况灵活调整）。班长将提前准备好的若干副卡片随机分发给各小组。

（3）班长向全班同学介绍"谁是卧底"游戏规则。游戏规则如下。

① 抽取卡片。各小组成员每轮从每副卡片中随机抽取一张卡片，抽到"卧底词"者为卧底，抽到"平民词"者为平民。需要注意的是，各小组要确保每位成员都能抽取一张卡片，且不知道自己是卧底身份还是平民身份。

② 描述词语。各小组成员随机站成一排，并按从左到右的顺序，轮流用一句话描述自己卡片上的词语。在描述时，不能透露过多信息，以免被其他成员猜出。同时，不能直接说出卡片上的词语（若直接说出卡片上的词语，则淘汰出局）。

③ 投票猜测，决出胜方。所有成员均描述完毕后，各自猜测谁是卧底，并在 5 秒后投出自己认为的卧底。得票最多的成员出局，若出现平局，则得票数相同的成员继续描述，其他成员继续投票。1 名成员出局后，其他 5 名成员继续游戏，直至场上剩下 3 名成员时，停止描述，游戏结束。游戏结束时，若场上仍剩余 1 名卧底，则卧底方胜利；若场上均为平民，则平民方胜利。

（4）各小组遵循游戏规则开展游戏活动。在将所领取的所有卡片描述完毕后，各小组可以互换卡片，继续游戏。

（5）游戏结束后，班长组织全班同学分享自己在游戏中的收获。

活动拓展

新时代我国国家安全是具有全面性的"大安全"。总体国家安全观涵盖的重点领域包括政治安全，国土安全，军事安全，经济安全，金融安全，文化安全，社会安全，科技安全，网络、人工智能、数据安全，粮食安全，生态安全，资源安全，核安全，海外利益安全，生物安全，太空安全，深海安全，极地安全等多种领域安全，这些重点领域构成了新时代我国国家安全的主阵地和主战场。

请每位同学挑选"谁是卧底"游戏中出现的、自己比较感兴趣的一组"平民词"和"卧底词"，深入了解其科学内涵，并查阅一些经典案例，进一步理解这两个不同的国家安全领域。同时，请思考这两个国家安全领域之间的区别和联系。思考后，请将你的想法写在下方的横线上。随后，每位同学以"××安全与××安全之我见"（"××"即总体国家安全观涵盖的某个领域，如生物、生态等）为主题制作一个PPT。最后，由班长组织全班同学进行学习与交流。

活动评价

全班同学可参考表 1-1 对自己在活动中的表现进行评价，并请教师进行点评。

表 1-1　实践活动评价表

考核内容	评价标准	分值	得分
活动实施	积极参与活动，并在活动过程中多次代表所在方获得游戏胜利	20	
	在活动结束后积极分享自己的活动感悟	20	
活动成果	所制作的 PPT 内容全面，涵盖了两种国家安全领域的科学内涵、区别与联系	10	
	所制作的 PPT 中呈现了相关案例，并且呈现的案例贴合所选主题	20	
	所制作的 PPT 内容积极向上，整体结构合理、清晰美观	10	
综合素养	能够准确把握总体国家安全观的重点领域，增强学习贯彻总体国家安全观的思想自觉、理论自觉和实践自觉	10	
	具备良好的逻辑推理能力和观察分析能力	10	
合计		100	
教师评价			

第二章

在党的领导下走好中国特色国家安全道路

案例引入 ——法律之剑斩危害，奖励之光燃热情

案例一： 国内某高校学生宋某，出于猎奇心理，通过网络报名成了境外某组织的志愿者，他接收该组织核心成员向其发送的指令，实施了危害国家安全的行为。2023 年 7 月，国家安全机关根据《中华人民共和国反间谍法》相关规定，予以宋某警告并向其出具行政处罚决定书。

案例二： 2022 年 12 月 9 日，昆明市国家安全局联合云南农业大学举行表彰仪式，依据《中华人民共和国国家安全法》《公民举报危害国家安全行为奖励办法》，对该校一名发现危害国家安全可疑情况并及时举报的在读学生李某进行表彰，并奖励其人民币 5 000 元。

法律是维护国家安全的有力武器。我国不仅强调依据法律法规对危害国家安全的行为实施严厉惩处，还重视结合中华人民共和国国家安全部制定的相关规章，对积极维护国家安全、举报危害国家安全可疑情况的公民给予表彰和奖励。这不仅有效打击了危害国家安全的违法犯罪行为，还有效激发了广大人民群众投身维护国家安全生动实践的积极性和主动性，夯实了维护国家安全的政治基础、社会基础、民心基础，为走好中国特色国家安全道路提供了强大保障。

学习引航

知识目标

- 明确坚持党的绝对领导是做好国家安全工作的根本原则，准确把握党对国家安全工作绝对领导的实践要求。
- 了解新时代党领导国家安全工作的开创性成就。

- 深刻理解中国特色国家安全道路的科学内涵和重要特征，认识到坚持中国特色国家安全道路必须进行伟大斗争。
- 明确推进国家安全体系和能力现代化的重要意义及重点任务。

素质目标

- 领会在党的领导下走好中国特色国家安全道路的深层智慧，坚定中国特色国家安全道路自信。
- 紧跟时代步伐，密切关注维护和塑造国家安全的实践要求，积极参与维护和塑造国家安全的行动。

以明义

要点击破

- 请你思考：为什么要坚持党对国家安全工作的绝对领导？
- 内容点拨：（1）中国共产党领导是中国特色社会主义最本质的特征，是中国特色社会主义制度的最大优势。坚持党对国家安全工作的绝对领导，是我国国家安全工作必须始终遵循的根本原则。

  （2）坚持党对国家安全工作的绝对领导，是维护国家安全和社会稳定的根本保证。中华人民共和国成立以来党领导国家安全工作的历程深刻表明，只有坚持党对国家安全工作的绝对领导，充分发挥党的领导优势，才能维护国家安全、实现社会稳定，国家安全工作也才能沿着正确方向和道路不断前进和发展，这在根本上关系国家长治久安，是维护和塑造国家安全最坚强的保证。

- 请你思考：坚持党对国家安全工作绝对领导的实践要求是什么？
- 内容点拨：（1）新时代坚持党对国家安全工作的绝对领导，就是要完善集中统一、高效权威的国家安全领导体制，目的是要使党对涉及党和国家事业全局的重大工作实施更为有效的统领和协调。

  （2）坚持党对国家安全工作的绝对领导，就是要把党的领导贯穿到国家安全工作各方面全过程。

○ **请你思考**：新时代党领导国家安全工作的开创性成就主要体现在哪些方面？

● **内容点拨**：(1) 加强国家安全体系和安全能力建设，国家安全体系基本形成，国家安全能力显著提升。加强国家安全宣传教育和全民国防教育，国家安全人民防线进一步巩固。

(2) 以坚定意志和坚强毅力维护国家主权、安全、发展利益，坚持把安全发展贯穿国家发展各领域全过程，国家安全得到全面加强。

(3) 健全和完善国家安全法治体系，基本形成一套立足基本国情、体现时代特点、适应战略安全环境需要的，系统完备、科学规范、运行有效的中国特色国家安全法治体系。

(4) 进一步健全共建共治共享的社会治理制度，有效遏制了民族分裂势力、宗教极端势力、暴力恐怖势力。

○ **请你思考**：中国特色国家安全道路的科学内涵是什么？

● **内容点拨**：中国特色国家安全道路的科学内涵，也是总体国家安全观的"五大要素"，即以人民安全为宗旨，以政治安全为根本，以经济安全为基础，以军事、科技、文化、社会安全为保障，以促进国际安全为依托。

○ **请你思考**：中国特色国家安全道路的重要特征有哪些？

● **内容点拨**：(1) 坚持党的绝对领导，完善集中统一、高效权威的国家安全领导体制，实现政治安全、人民安全、国家利益至上相统一。

(2) 坚持捍卫国家主权和领土完整，维护边疆、边境、周边安定有序。

(3) 坚持统筹发展和安全，推动高质量发展和高水平安全动态平衡。

(4) 坚持总体战，统筹传统安全和非传统安全。

(5) 坚持走和平发展道路，促进自身安全和共同安全相协调。

○ **请你思考**：为什么要推进国家安全体系和能力现代化？

● **内容点拨**：(1) 推进国家安全体系和能力现代化是满足人民群众美好生活需要的必然要求。

(2) 推进国家安全体系和能力现代化是推进国家治理体系和治理能力现代化、续写"中国之治"新辉煌的必然要求。

国家安全体系和能力现代化的提出与推进

(3) 推进国家安全体系和能力现代化是以中国式现代化全面推进中华民族伟大复兴的必然要求。

○ **请你思考**：推进国家安全体系和能力现代化的重点任务主要有哪些？

● **内容点拨**：(1) 不断健全国家安全体系。

(2) 增强维护国家安全能力。

(3) 提高公共安全治理水平。

(4) 完善社会治理体系。

 自 测 自 评

一、不定项选择题

1. 改革开放以来，我国经济快速发展，社会持续稳定，人民生活水平不断提高；积极发展全过程人民民主，充分保障人民的生存权和发展权；积极进行生态环境治理，严厉打击暴力恐怖活动，保障食品安全和药品安全。这些都是（   ）在国家安全工作中的充分体现。

    A. 以人民安全为宗旨

    B. 以政治安全为根本

    C. 以经济安全为基础

    D. 以军事、科技、文化、社会安全为保障

2. 中国特色国家安全道路与其他国家安全道路的本质区别是（   ）。

    A. 坚持走和平发展道路，促进自身安全和共同安全相协调

    B. 坚持统筹发展和安全

    C. 捍卫国家主权和领土完整

    D. 党的领导和中国特色社会主义制度

3. 在国家安全法治体系中，2015 年 7 月公布施行的（   ），以明确的法律形式确立了总体国家安全观的指导地位。

    A.《中华人民共和国宪法》

    B.《中华人民共和国国家安全法》

    C.《中华人民共和国爱国主义教育法》

    D.《中华人民共和国国防法》

4. 下列选项中，能够体现出新时代中国共产党在健全和完善国家安全法治体系工作中取得的开创性成就的有（   ）。

    A. 制定《中华人民共和国香港特别行政区维护国家安全法》

    B. 反渗透反恐怖反分裂斗争卓有成效

    C. 加强涉外领域立法，制定《中华人民共和国反外国制裁法》《中华人民共和国对外关系法》《中华人民共和国外国国家豁免法》

    D. 2018 年以来开展的为期三年的扫黑除恶专项斗争取得重要阶段性成果

5．根据党的二十大的战略部署，下列选项中属于推进国家安全体系和能力现代化的重点任务的有（　　）。

  A．不断健全国家安全体系

  B．增强维护国家安全能力

  C．提高公共安全治理水平

  D．提高国家经济实力

二、判断题

1．中国特色国家安全道路是顺应时代发展潮流、适合中国自身特点的唯一正确的道路。　　　　　　　　　　　　　　　　　　　　　　（　　）

2．国家主权和领土完整是国家的核心利益。　　　　　　　　（　　）

3．维护国家安全是国家安全机关的职责，与人民群众关系不大。　（　　）

4．国家安全能力是国家安全体系的基础，国家安全体系是国家安全能力表现出来的治理效能。　　　　　　　　　　　　　　　　　　　（　　）

三、简答题

1．简述必须毫不动摇坚持党对国家安全工作的绝对领导的原因。

2．简述中国特色国家安全道路的重要特征。

3．在新时代新征程上，推进国家安全体系和能力现代化的重要意义有哪些？

>> 案例 ①

"草原110"描绘强边固防平安新画卷

21世纪以前，我国边境地区交通不便，基础设施相对落后。为了更好地服务边境地区人民群众，1998年，内蒙古出入境边防检查总站（原"内蒙古边防总队"）首创的特色警务模式——"草原110"应运而生，成为维护边境安全稳定的重要纽带。

此后，历经多年的创新发展，"草原110"已从单一的报警求助系统，升级为集市域治理、基层治理、应急处置、公共服务等多功能于一体的立体化边境防控体系，描绘出党政军警民守望相助、共建边疆的平安新画卷。

握指成拳，书写边境安宁新篇章

"接到护边员报告，有一可疑车辆正向边境线驶去，请迅速联合解放军边防部队做好拦截检查准备……"在包头市达尔罕茂明安联合旗，正在"草原110"警务工作站执勤的查干哈达边境派出所民警接到命令后，迅速与解放军边防部队开展联合行动，成功阻止一起企图非法越境案件。

边关之固，固在勠力同心。进入新时代以来，内蒙古出入境边防检查总站积极推进边境地区党政军警民联合党支部建设，充分整合各部门资源，助力新时代"草原110"边境防控体系建设，融合推进党政军警民合力强边固防。

在阿拉善右旗塔木素布拉格苏木的中蒙边境线上，牧民党员尼玛几十年来在距离边境线只有11千米的大漠戈壁处，协助军警守边巡线，留下了许多戍边故事。她说："只要我能动，就要履行好这份职责。"

祖国北疆的每一位牧民都是新时代"草原110"的一员。内蒙古出入境边防检查总站创新"蒙古包哨所""边境堡垒户""雪城义警"等特色护边模式，夯实联防联控和双拥共建基础，构建起稳边固边的"铜墙铁壁"。

改革创新，引领边防智变潮

"这人看着奇怪，这事得报！"清晨，包头边境管理支队护边员阿迪雅在巡边途中，发现1名陌生男子赶着10多只羊，行色匆匆。联想到近期发生的盗窃牲畜案，阿迪雅立即录制了一个 10 秒钟的视频，并同步上传至"草原 110"App。10 分钟后，边境派出所民警迅速抵达现场，将可疑男子抓获。经过缜密侦查，该边境派出所循线破获系列盗窃牲畜案 12 起，挽回边境地区人民群众经济损失 20 余万元。这是内蒙古出入境边防检查总站以新时代"草原 110"为依托，创新基层治理的一个缩影。

内蒙古出入境边防检查总站研发新时代"草原 110"App，边境地区人民群众在遇有警情、寻求帮助或反映问题时，点击手机界面相应按钮，信息将自动发送到后端操作平台，实现快速精准报警，后台通过手机定位，实时显示报警人所处位置。

随着时间的推移，传统的"草原 110"巡防体系也在不断升级。内蒙古出入境边防检查总站通过不断完善人防、物防、技防相融合的边境立体化防控体系，及时总结成功做法，延伸打造"警务助理""警鹰巡航队"等特色警务品牌，强化边境感知和预警能力，有力提升了信息化边境治理效能。

鱼水情深，谱写和谐幸福曲

内蒙古出入境边防检查总站结合边境口岸经济社会发展和形势任务需要，将扶危助困、服务群众作为新时代"草原 110"的重要职能任务。边境地区人民群众遇到大小事情，第一时间就会想到民警。

每到哈密瓜的丰收季节，阿拉善边境管理支队苏泊淖尔边境派出所"居延警队"队员们都会深入田间地头，帮着瓜农采摘、套袋、装箱、搬运、称重，与瓜农一起享受丰收与劳动带来的喜悦。民警们这些看似简单的举动，却极大地减轻了瓜农的负担，也加快了本地哈密瓜的上市进程。

边境地区的民警用实际行动在八千里边防线上谱写了一曲曲鱼水情深的和谐乐章。

几十年来，手段在变，队伍在变，人民至上的核心理念始终没变。与时俱进的"草原 110"在祖国北疆历久弥新，书写着新的华章。

（资料来源：安寅东、张志敏，《"草原 110"创新升级 26 载守护边境安宁》，

《内蒙古日报》，2024 年 10 月 14 日）

✑ 评析：

"草原 110"特色警务模式是内蒙古自治区边境管理区在维护我国边境安全稳定发展方面的创新实践，体现了中国特色国家安全道路坚持维护边疆、边境、周边安定有序的重要特征。该模式通过整合党政军警民资源，构建起立体化边境防控体系，有效提升了边境治理效能。同时，该模式强调服务边境地区人民群众，解决实际问题，如通邮难、购物难等，这增进了警民关系，促进了边境地区人民群众的和谐幸福。"草原 110"特色警务模式的成功在于其与时俱进，体现了人民至上的核心理念，它为其他地区的边境治理提供了有益借鉴，也为我国走好中国特色国家安全道路奠定了坚实基础。

奏响和谐"奏鸣曲"，织密平安"防护网"

四川省成都市人口数量多，城市文化多元。进入新时代以来，成都市委政法委员会高度重视矛盾纠纷排查调解工作，强化组织协调，坚持和发展新时代"枫桥经验"，解决百姓点滴难事小事，实现"小事不出格、大事不出镇、矛盾不上交"。

深化网格微治

在成都市彭州市朝阳中路社区，有一支朝阳"孺子牛"流动微网格服务队，他们由党员、退役军人、陪审员等组成，在社区内来回穿梭，化解着大事小事。

2022年1月，朝阳中路某楼盘9间商铺共用水管爆裂。商家们在漏点探测费、维修费、水费如何分摊等问题上争执不下，导致水管爆裂问题长时间得不到解决。"孺子牛"队员了解情况后，主动上门调解。经过5天的艰难调解，水管爆裂问题得到解决，商家们握手言和。

朝阳"孺子牛"流动微网格服务队是成都市将"微网实格"治理工作与新时代"枫桥经验"相结合的一个缩影。成都市已构建起"社区网格——一般网格——微网实格"的精细化网格组织架构，依托微网实格夯实治理底座、全覆盖走访、多层次发动、多元化调处、面对面沟通，切实做到了把矛盾化解在萌芽，问题解决在网格。

引导群众自治

广场舞噪声曾是成都市青羊区府南街道同德社区积累已久的矛盾，广场舞队伍也常因占位置和音乐互相影响而发生争执。面对如此难题，同德社区通过搭建自治平台、培育法治观念、推动共治共享等方式，引导群众自行解决矛盾纠纷。

如今，在同德社区广场，每天早早地就能看到3支广场舞队伍在各自的"地盘"内跳舞，路过的居民偶尔也会跟跳一段，整个社区广场呈现出一片其乐融融的景象。

此外，同德社区还创新打造矛盾纠纷化解工作新场景，专门开发小程序，大力开展矛盾纠纷网上收集和快速处置工作，力求从源头化解矛盾纠纷。

促进合力共治

面对群众遇到矛盾纠纷常在多地多部门之间来回跑、反复跑等难题，成都市将政务服务领域"最多跑一次"理念主动延伸到矛盾纠纷领域，大力建设各类"一站式"多元解纷中心，因地制宜推动矛盾纠纷多元化解协调中心规范化建设，实现矛盾纠纷化解"一站式"管理、"一窗式"办理、"一条龙"处理。

成都市金牛区平安治理中心集成了矛盾纠纷多元化解协调中心、信访接待中心等各类治理资源于一体，实现"援、调、裁、审、执"无缝衔接，确保群众"咨询有人答、意见

有人听、控申有人应、问题有人解",成为区级层面便民利民、要素多元的"解纷驿站"。

（资料来源：王明峰，《奏响和谐"奏鸣曲" 织密平安"防护网"——四川成都坚持发展新时代"枫桥经验"》，《人民日报》（海外版），2023年12月15日）

评析：

> 成都市的基层自治实践体现了新时代"枫桥经验"的创新发展，体现了社会治理体系的现代化转型，是推进国家安全体系和能力现代化的生动实践。
>
> 通过精细化网格管理，成都市有效整合资源，提升了对矛盾纠纷的预防和化解能力，这与国家安全体系中强调的风险防控和应急响应能力提升相呼应。通过引导群众自治，成都市有效发展壮大群防群治力量，致力于从源头化解矛盾纠纷，这与国家安全体系中提倡的社会共治理念相契合。通过建设"一站式"多元解纷中心，成都市实现了矛盾纠纷的高效处理，不仅带来了体制机制的创新和社会治理效率的提高，也充分保障了人民群众的获得感、幸福感、安全感。
>
> 总而言之，成都市的这些举措，为完善社会治理体系，推进国家安全体系和能力现代化贡献了地方经验。

▶▶案例 ③

筑牢国家安全人民防线

国家安全，事关你我，维护国家安全是每个公民应尽的义务。国家安全机关在依法执行公务时，需要广大人民群众的支持、协助。人民群众在配合国家安全机关工作时，应依法如实、主动地提供有关情况，共筑维护我国国家安全的钢铁长城。

配合询问，利人利己

小刘是某餐厅的客户经理，老赵是该餐厅的常客。由于两人是同乡的关系，小刘多次为老赵预留餐位，老赵也曾为小刘家人求医提供帮助。在小刘眼中，老赵是一位值得信赖的大哥。但小刘不知道的是，老赵已身陷某起涉国家安全案件之中。

一天，某市国家安全机关干警到该餐厅开展工作，要求作为客户经理的小刘提供老赵的近期相关情况。询问期间，小刘内心十分纠结，担心自己提供的情况会连累老赵，甚至破坏两人之间的朋友情谊。国家安全机关干警敏锐察觉到小刘的抵触心理，耐心、细致地对其宣传阐释《中华人民共和国反间谍法》等国家安全法律。最终，小刘放下思想包袱，将所掌握的情况逐一向国家安全机关干警说明，还主动帮助国家安全机关干警进行调查取证。

在小刘的配合下，该市国家安全机关快速完成某重大案件的取证，直接戳破了该案犯罪嫌疑人为逃脱自身罪责、栽赃诬陷老赵的企图，彻底还了老赵清白。小刘如实反映情况

并提供协助的举动得到了该市国家安全机关的肯定。

心存侥幸，误人误己

小张大学毕业后顺利进入某涉密单位，工作十分积极上进。单位的领导也对他颇为欣赏，将他视为重点培养对象。

一天，小张的个人电子邮箱收到一封奇怪的邮件。小张从标题和附件判断，这封邮件是一家下属单位上报的统计表。尽管小张所在单位明确规定个人电子邮箱不得处理业务工作，但小张一时大意，未向下属单位核实就点开了邮件中的附件，结果页面立即跳转至境外网站链接。

国家安全机关侦查发现，境外间谍情报机关向小张所在单位多名员工的个人电子邮箱发送了大量钓鱼邮件实施网络攻击，于是立即赴该单位了解相关情况。面对国家安全机关干警的询问，小张因担心个人前途受到影响而谎称不知情。回家后，小张立刻删除了个人电子邮箱中的全部邮件，并希望能不被发现。

经调查，国家安全机关基本摸清了本次网络攻击的情况，发现小张由于未及时采取防护措施，其计算机已被境外远程控制，其所在单位的部分内部资料已被窃取。为了防止造成更大的损失，国家安全机关随即再次向小张询问相关情况。在事实面前，小张终于讲出了实情。经过国家安全机关和该单位共同工作，泄密风险最终被排除。鉴于未造成严重后果，国家安全机关会同该单位领导，对小张进行了批评教育，小张为此懊悔不已。

（资料来源：安平，《人民群众配合国家安全机关工作的三个真实案例》，
国家安全部微信公众号，2024年9月20日）

 **评析：**

在中国特色国家安全道路上，维护国家安全不仅是国家安全机关的职责，也是每个公民的责任。案例中的小刘积极配合国家安全机关工作，依法如实提供案件信息，帮助破获涉国家安全的重大案件，展现了公民在维护国家安全中的积极作用；而案例中的小张心存侥幸，对案件信息隐瞒不报，不仅延误了案件的调查，也使自己和所在单位面临更大的安全风险。

这两个案例均凸显了公民在维护国家安全工作中的重要作用。只有全民参与，共同构建起国家安全人民防线，才能有效防范和抵御安全风险，确保人民安居乐业和国家长治久安。因此，我国每个公民都应增强国家安全意识，提高警惕，及时报告可疑情况，共同筑牢国家安全的人民防线。

听，这跨越时空的寄语

在中国共产党漫长艰辛的斗争历程中，党的隐蔽战线工作是党和国家革命事业不可分割的重要组成部分，也是党和国家各项事业取得胜利的重要力量。在这条隐蔽战线上，许许多多革命先烈为了理想信仰舍家离子，在民族危亡之际义无反顾投身革命，甚至在生命最后一刻也未能与至亲相见，只能借一纸信札，寄托对后人的期许。

听，这跨越时空的寄语

尺素含情，寸心明志。扫描二维码"听，这跨越时空的寄语"，穿越历史的烟尘，细细品读隐蔽战线上的先烈们写给后人的家书，感受他们深厚的家国情怀。然后，谈谈这些隐蔽战线上的先烈们为民族独立、人民解放、国家安全做出的重要贡献，以及党的隐蔽战线工作为新时代国家安全工作带来的深刻启示。

行 以修身

智慧接力跑：深刻认识中国特色国家安全道路

活动背景

在以习近平同志为核心的党中央坚强领导下，我国走出了一条中国特色国家安全道路，开创了维护国家安全的崭新局面。这条道路以总体国家安全观为统领，契合新的时代条件下维护国家安全的紧迫要求，彰显了鲜明的中国特色，为实现国家长治久安和人民安居乐业、实现中华民族伟大复兴提供了坚强安全保障。为深刻认识中国特色国家安全道路，增强国家安全意识，请同学们组织开展一次"智慧接力跑"活动，在体力和脑力的双重挑战中强健体魄、汲取知识、增长见识、锻炼思维、磨砺意志。

活动步骤

（1）前期准备。班委成员提前确定活动时间和场地，并准备活动所需的物品。

① 活动时间建议选在晴朗且体感舒适的时段。

② 活动场地建议选在适合跑步的户外场所，如操场等。

③ 活动所需的物品包括若干接力棒、1 个计时器，以及若干道与中国特色国家安全道路相关的快问快答题目。

（2）选定 NPC（非玩家角色，即辅助活动开展的工作人员）。全班同学根据以下介绍，选出 5 名"智慧接力跑"活动的 NPC。

"智慧接力跑"活动 NPC 介绍一览

▶ NPC 人数：共 5 人，代号分别为"天问""捕蛇""龙腾""清朗""安芯"。

▶ NPC 站位及其职责。

"天问"：计时人员。始终站在"智慧接力跑"的起点，负责记录各小组完成活动所花费的时间。

"捕蛇""龙腾""清朗""安芯"：题目组人员。按照距离起点从近到远的顺序，分散站在活动场地内的 4 个不同位置（各 NPC 位置固定），负责提问并判断作答正误，为作答正确者分发接力棒，要求作答错误者表演 1 个节目。

▶ NPC 要求：无特别要求，优先考虑身体不适或因其他原因不能跑步的同学。

（3）自由分组。除 NPC 外，其他同学自由组合成若干小组，每组 5 人（人数可根据实际情况灵活调整）。

（4）开展活动。各小组遵循以下活动规则轮流参与活动。

"智慧接力跑"活动规则

▶ 开跑前，各小组的 5 名成员分别在 5 名 NPC 所在的位置就位。

▶ 待"天问"发出"预备，跑"的口令并开始计时后，站在起点的成员全力跑向"捕蛇"，到达"捕蛇"所在位置后，与在此处等候的成员击掌，然后由等候的成员开始接力任务——回答"捕蛇"提出的问题，回答正确或表演完节目后，继续跑向"龙腾"……

▶ 待在"安芯"处等候的成员回答完问题，跑向"天问"，并轻拍"天问"的肩膀后，"天问"停止计时，计时结果即该小组在"智慧接力跑"中的成绩。

注意：在活动期间，所有人务必将个人安全放在首位；每名题目组 NPC 每次向每人口述一道题目即可，尽量避免重复。

（5）活动评选。全班同学根据各小组在"智慧接力跑"中的成绩，评选出一个"国家安全精英小组"。

活动拓展

"天问""捕蛇""龙腾""清朗""安芯"均为我国有关部门在特定领域内开展的专项计划或行动的代号。例如，"安芯"是由我国公安部知识产权犯罪侦查局部署开展的防范打击侵犯商业秘密犯罪专项行动的代号。这些代号所代表的专项计划或行动，对维护我国国家安全、促进我国国家发展意义重大。

　　请以"智慧接力跑"活动中形成的小组（5 名 NPC 自动组成一组）为单位进行分工合作，各小组成员通过查阅资料，知悉上述 5 个代号（NPC 组成员各自负责自己所代表的代号；其余小组中的每名成员负责开跑前自己所在位置 NPC 的代号）所代表的计划或行动，以及该计划或行动的所属领域、背景、责任部门、目的、对于国家安全的重大意义。然后，各小组成员根据所掌握的信息，撰写一份关于自己所负责代号的介绍（要求结构完整、内容全面、语言表述规范，字数不限）。最后，各小组展开内部讨论，所有成员轮流介绍自己所负责代号的相关信息。全部介绍完毕后，各小组评选出 1 名介绍得最全面、语言表达最生动流畅的成员，授予其"解码高手"的称号。

活动评价

全班同学可参考表 2-1 对自己在活动中的表现进行评价，并请教师进行点评。

表 2-1　实践活动评价表

考核内容	评价标准	分值	得分
活动实施	积极参与活动，在接力跑或作答环节中表现突出	20	
	与小组成员团结协作，为获得"国家安全精英小组"称号付出努力	20	
活动成果	所撰写的代号介绍结构完整，内容全面，语言表述规范	15	
	所撰写的代号介绍能够准确传达代号所代表的计划或行动的核心信息	15	
综合素养	能够深刻认识中国特色国家安全道路，坚定中国特色国家安全道路自信	15	
	具备良好的团队合作能力、灵活应变能力和语言表达能力	15	
合计		100	
教师评价			

第三章

更好统筹发展和安全

案例引入 ——安全领航发展路，发展加固安全堤

　　2024 年 7 月伊始，南粤大地骄阳似火，各项目工地忙碌不停。广东省结合经济社会发展实际，开展了安全生产治本攻坚行动及安全发展示范城市创建行动，以强化城市安全防线。化工园区、工业建筑、市政设施等既是城市运行的"动脉"，也是安全发展的"命脉"。广东省借此契机，大力推动老旧电梯、燃气软管、化工装置及公路设施等基础设施的升级换代，以发展成果更新"城市骨架"，为全省高质量发展提供了有力的安全保障。

　　发展和安全是一体之两翼、驱动之双轮，二者相辅相成、相互支撑。党的十八大以来，以习近平同志为核心的党中央高度重视统筹发展和安全，作出一系列重大决策部署。广东省积极营造有利于经济社会发展的安全环境，致力于实现发展和安全的良性互动，这是各地推动相关重要决策部署落实落地生动实践的一个缩影。

　　在新时代的伟大征程上，只有更好统筹发展和安全，坚持发展和安全并重，在发展中更多考虑安全因素，下好先手棋、打好主动仗，才能不断筑牢国家安全屏障，有效化解风险挑战，推动中国式现代化事业乘风破浪、行稳致远。

学习引航

知识目标

❂ 了解统筹发展和安全的重大意义。

❂ 理解统筹发展和安全的科学内涵。

❂ 明确更好统筹发展和安全的途径和方法。

素质目标

❂ 培养辩证思维能力，学会从相互联系、相互影响的角度看待发展和安全。

❂ 强化风险意识，做好应对风险挑战的思想准备，提高风险化解能力。

○ **请你思考**：统筹发展和安全的重大意义是什么？
● **内容点拨**：（1）统筹发展和安全是新时代维护和塑造国家安全的必然要求。新时代维护和塑造国家安全，必须坚持统筹发展和安全，把维护国家安全贯穿党和国家工作各方面全过程，同经济社会发展一起谋划、一起部署、一体推进，勇于开"顶风船"，善于化危为机，努力实现更高质量、更有效率、更加公平、更可持续、更为安全的发展。

（2）统筹发展和安全是维护改革发展稳定大局的重大原则。历史和实践证明，只有社会稳定，改革发展才能不断推进；只有改革发展不断推进，社会稳定才具有坚实基础。因此，全面把握艰巨繁重的改革、发展和稳定任务，必须贯彻落实总体国家安全观，更好统筹发展和安全。

（3）统筹发展和安全是推动我国经济高质量发展的有力保障。当前，我国经济发展面临复杂外部环境挑战。在这样一个各类矛盾和风险易发期，必须更好统筹发展和安全。坚持把发展建立在安全的基点上，着力破解经济发展中的各种矛盾和问题，营造有利于经济发展的安全环境，打好化险为夷、转危为机的战略主动战，增强生存力、竞争力、发展力和持续力。

○ **请你思考**：当前，我国经济发展面临的复杂外部环境挑战有哪些？
● **内容点拨**：（1）世界经济复苏进程异常艰难。

（2）全球流动性风险不断增多。

（3）全球产业分工格局深刻调整。

○ **请你思考**：统筹发展和安全的科学内涵是什么？
● **内容点拨**：（1）安全是发展的条件和保障。

（2）发展是安全的基础和目的。

（3）坚持发展和安全并重。

○ **请你思考**：如何促进发展和安全的动态平衡？
● **内容点拨**：要促进发展和安全的动态平衡，就要把握好二者之间相互制约、相互支持、相互促进的辩证关系，既不能为了片面追求安全、管成一潭死水，又不能只顾发展、搞得险象丛生，必须找准发展和安全的平衡点，及时调整政策力度和重点，做到该管的管、该放的放，使发展成就可期、安全风险可控。

○ **请你思考**：如何更好统筹发展和安全？

● **内容点拨**：(1) 在坚持科学思维方法中树牢安全发展理念。第一，坚持系统观念；第二，坚持底线思维和极限思维；第三，强化风险意识。

(2) 以新安全格局保障新发展格局。第一，以新安全格局保障实现高水平科技自立自强；第二，以新安全格局保障国内经济循环畅通无阻；第三，以新安全格局保障国内国际双循环相互促进。

(3) 在科学精准施策中提高防范化解重大风险隐患的能力。

○ **请你思考**：构建新安全格局的总体要求是什么？

● **内容点拨**：(1) 要全体系推进，加强对国家安全的顶层设计、全局谋划、前瞻思考、一体推进，形成体系性合力和战斗力。

(2) 要全领域谋划，统筹推进总体国家安全观所涉各领域的安全合力。

(3) 要全方位布局，统筹国内国际两个大局，以高水平安全保障高质量发展。

坚持统筹国内国际两个大局

(4) 要全要素运用，综合运用政治、经济、文化、外交、司法、教育、科技等手段防范化解重大风险。

(5) 要全方面统筹，不断增强全民国家安全意识和素养，在党中央坚强领导下，推动各部门各地方各要素有效统筹，汇聚起维护国家安全的强大合力。

○ **请你思考**：如何有效防范化解重大风险隐患？

● **内容点拨**：着力在扛稳粮食安全重任、保障国家能源安全、提高产业链供应链稳定性安全性、重视解决好水安全问题、维护国家金融安全、加强国家网络和信息安全、确保国家数据安全、推进国家海外利益安全、筑牢生态安全屏障等方面补齐短板、加固底板，把国家发展建立在更加安全、更为可靠的基础之上。

✎ 自测自评

一、不定项选择题

1. （　　）是经济社会发展的强大动力，（　　）是解决一切经济社会问题的关键，（　　）是改革发展的前提。

　　A. 稳定；发展；改革　　　　　B. 改革；发展；稳定

　　C. 发展；稳定；改革　　　　　D. 稳定；改革；发展

2. 2014年4月15日，习近平总书记在中央国家安全委员会第一次会议上指出："我们党要巩固执政地位，要团结带领人民坚持和发展中国特色社会主义，（　　）是头等大事。"

  A. 保证国家安全   B. 解放和发展社会生产力

  C. 增强经济实力   D. 全面推进强国建设

3. 构建新发展格局最本质的特征是（　　）。

  A. 促进高质量发展   B. 实行高水平对外开放

  C. 实现高水平的自立自强   D. 构建国内经济大循环

4. （　　）是习近平新时代中国特色社会主义思想世界观和方法论的重要内容，也是统筹发展和安全的思想工作方法。

  A. 增强忧患意识   B. 坚持底线思维

  C. 强化风险意识   D. 坚持系统观念

5. 国内经济循环受阻在宏观上的表现有（　　）等。

  A. 增长速度下降   B. 国际收支失衡

  C. 产能过剩   D. 居民收入下降

6. 下列关于发展和安全的关系的表述，正确的有（　　）。

  A. 安全是发展的目的   B. 安全是发展的条件

  C. 发展是安全的基础   D. 发展是安全的保障

二、判断题

1. 开放是中国共产党执政兴国的第一要务。   （　　）

2. 统筹发展和安全在总体国家安全观的"五个统筹"中具有基础性、决定性地位。

                         （　　）

3. 随着全球政治经济环境的复杂变化，我们必须坚持把发展立足点放在国外，更多依靠国外市场实现经济发展。   （　　）

三、简答题

1. 统筹发展和安全具有哪些重大意义？

2. 面对纷繁复杂的国际国内形势，我国应如何更好统筹发展和安全？

3. 简述构建新安全格局的总体要求。

以辨理

以案说理

>> 案例 ①

斯巴达兴衰之鉴

在希腊城邦中，斯巴达以其独特的军事体制而闻名于世。斯巴达注重军事发展，抑制商业发展，奉行全民皆兵的政策，其政体设计和一切社会活动都在为战争做准备。斯巴达的军队以勇敢善战、纪律严明著称，其战斗力在当时的希腊城邦中可谓无与伦比。这种强大的战斗力与斯巴达严苛的军事教育体制密不可分。从 7 岁起，斯巴达人就要离家去过集体生活，接受体育锻炼和军事训练；到 20 岁时，斯巴达的男子就要正式步入军营，接受更为严苛的军事训练，随时准备为国出征。

为争夺希腊霸权，斯巴达与雅典之间爆发了伯罗奔尼撒战争，这场战争持续了长达27 年之久。最终，斯巴达凭借其强大的军事实力打败了雅典，成为希腊霸主。但斯巴达称霸希腊只维持了短短 33 年，就在留克特拉战役中被另一城邦底比斯打败。

斯巴达从称霸到衰落的故事说明，统筹发展和安全，是一个国家、一个民族生存与进步必须处理好的首要问题。从历史上看，一个国家的兴衰往往与其能否统筹好发展和安全密切相关。

（资料来源：李龙，《军事历史纵横谈：斯巴达"武士之魂"》，《解放军报》，
2006 年 12 月 9 日）

✎ 评析：

在历史的长河中，许多国家和民族都曾面临如何平衡发展和安全的问题。上述案例中，斯巴达从称霸到衰落这一历史事件，生动诠释了过分强调安全而忽视发展的严重后果，阐明了发展和安全之间的辩证关系：发展和安全是相辅相成的。没有安全，发展将失去保障；没有发展，安全将失去基础。

历史和实践都充分表明，只有统筹发展和安全，才能使国家发展有条件、安全有根基。党的十八大以来，以习近平同志为核心的党中央高度重视统筹发展和安全，将其作为党治国理政的重大原则，把安全体系与能力建设贯穿于发展的各领域和全过程，国家安全得到全面加强，经济社会发展取得重大历史性成就。新时代，在新的伟大航程中，发展和安全一起发力，必将助推中国特色社会主义巨轮劈波斩浪、勇往直前，顺利抵达民族复兴的光明彼岸。

》案例 ②

处心积虑的"秘密审查"

随着我国综合国力不断提升，国际合作交流项目逐渐增多，我国一些科研团队的专家、学者需要经常赴境外考察，进行实地调研。与此同时，境外间谍情报机关高度关注我国专家、学者的出国（境）情况，甚至伺机以威胁恐吓等卑劣手段拉拢策反我国的专家、学者，妄图窃取我国的核心科研成果。

李某是我国某科研领域的专家，在该领域取得了多项高端科研成果。一次，李某因工作需要赴某国开展实地调研。然而，这次公务出行却意外地让他陷入了境外间谍情报机关的窃密"陷阱"。在李某到达该国后不久，该国间谍情报机关就借检查出入境证件为由约见他，并在会面现场以李某所持证件存在问题，可能从事危害该国国家安全活动为由，胁迫李某前往某个隐秘场所接受"秘密审查"。

在审查期间，该国间谍情报机关态度强硬，粗暴搜查并扣押了李某的个人物品，同时编造谎言，诬称李某开展调研工作实为搜集情报。起初，李某还据理力争，拒绝承认对方安插在自己身上的莫须有罪名。然而，面对对方长时间的威胁恐吓，李某被迫签署了一份"自愿"与该国间谍情报机关合作的协议，并按协议要求向该国间谍情报机关提供了我国的一些内部科研信息。

在李某回国前，该国间谍情报机关仍对李某紧追不舍，以"合作协议"和李某前期提供的内部科研信息等为要挟，命令李某回国后继续按特定联络方式为其提供情报，否则将向我国有关部门揭发检举。

李某深知，出卖国家机密不但会葬送他多年的研究成果，还会给我国的科技安全带来巨大威胁。回国后，李某内心深受煎熬。他不愿再向境外间谍情报机关提供任何危害我国国家安全的信息，于是第一时间与国家安全机关取得联系，向其详细说明了自己在境外遭遇的情况，特别是如何被胁迫参加间谍组织、提供情报的。另外，他还主动提供了相关印证材料，并对自身行为给国家安全造成的损害表示强烈的悔恨。

国家安全机关经过缜密侦查和综合研判后，依据《中华人民共和国反间谍法》对李某作出不予追究的决定，并承诺为其后续工作提供保护。

（资料来源：安平，《处心积虑的"秘密审查"》，国家安全部微信公众号，2024年5月26日）

评析：

科技自立自强是国家强盛之基、安全之要。在关键核心技术攻坚的战场上，每一项科技领域成果和重大科学进展都凝聚着无数科研人员的智慧与汗水，而这些成果和进展正是推动经济社会发展的强大动力。

然而，正如上述案例中李某所经历的那样，一些境外间谍情报机关长期觊觎我国的科研成果，他们通过威胁恐吓、利诱等手段，妄图拉拢策反我国重要科研单位人员，以窃取我国的科研机密。一旦这些宝贵的科研成果被境外间谍情报机关通过不正当手段窃取，不仅会让科研人员的研究成果付诸东流，更重要的是，它将严重削弱我国在全球科技竞争中的优势地位，给我国实现科技自立自强和维护科技安全带来前所未有的严重威胁。

因此，统筹发展和安全至关重要。在奋力推进科技自立自强的过程中，我国必须构筑坚实的科技安全防线，严密防范境外间谍情报机关的各种窃密行为。同时，还应加大自主创新力度，确保核心技术掌握在自己手中。唯有将发展和安全深度融合、协同推进，才能在全球竞争中立于不败之地，为经济社会的繁荣稳定提供源源不断的动力。

案例 ③

慈利县多措并举，防范化解重大风险

明者防祸于未萌，智者图患于将来。防范化解重大风险，关乎经济稳健发展、社会和谐稳定、民生福祉利益和执政根基稳固。近年来，湖南省张家界市慈利县聚焦"打好防范化解风险阻击战"，全面筑牢安全屏障、夯实安全底座，在风险防控工作上取得了显著成效。

打防并举，金融风险防控有力

金融安全是经济平稳健康发展的重要基础，管理上一旦放松，很容易演变成"灰犀牛"，潜在风险巨大。慈利县坚持"猛药去疴治已病、抓早抓小治未病"的原则，积极推进防范化解金融风险工作。

慈利县督导银行机构严格贷款审核、审批，强化事前调查、事中把控、事后监测等工作。同时，还完善非法金融监测预警机制，加强公安、市场监管、金融等部门间的数据信息共享，及时发现预警风险线索，做到早发现、早介入、早处置，将风险苗头遏制在萌芽

状态。此外，该县还开展了重大非法集资案件处置攻坚行动，全面协调推进案件打击、清产核资、追赃挽损、舆情引导等工作，严厉打击违法犯罪，切实维护群众利益和社会稳定。

2023 年 7 月 26 日，慈利县人民法院召开涉民生专项执行新闻发布会暨集中兑现大会，为 44 名集资诈骗案受害者集中发放退赔款。这是该县全力推进重大案件风险处置，做好金融风险防控的一个缩影。

管教并重，房地产风险防控有度

"有了这个证就有了身份证，就是合法的，我们就可以放心地住在这里。" 2023 年 6 月 25 日，在临江府一期项目"交房即交证"颁证仪式上，首批业主代表一手拿着新房的钥匙，一手拿着刚刚颁发的不动产权证，喜悦溢于言表。

2023 年以来，慈利县自然资源局与县住房和城乡建设局联合建立议事协调机制，成立工作领导小组，进一步深化"交房即交证"服务，充分保障企业、群众的合法权益，以促进县域房地产市场健康有序发展。

为了扎实做好房地产风险防控工作，该县还严格落实房住不炒，稳地价、稳房价、稳预期等政策，加强房地产项目的风险排查和评估，及时制定风险处置的管控措施和应急预案。

科技赋能，极端天气风险防控有方

在全球变暖背景下，极端天气频发，这严重影响着人民群众的生命财产安全。慈利县聚焦气象灾害、水旱灾害、地质灾害、森林火灾 4 种应用场景，搭建了"智慧减灾"信息化平台，探索基层智慧高效防灾减灾新模式，并取得了明显成效。

慈利县在气象局建立统一的综合指挥调度中心，高效整合各部门资源，打破"各自为战"的传统应对模式，形成以气象预警为先导的灾害防御指挥调度大应急格局。精准的指挥调度使基层责任人的工作有的放矢，减少了盲目行动。依托"智慧减灾"信息化平台，2023 年许家坊土家族乡"7.26"极端暴雨避险转移工作取得了成功，无一人伤亡。

（资料来源：杨清，《湖南慈利：打好防范化解风险阻击仗 筑牢社会发展安全墙》，

央广网，2024 年 1 月 22 日）

📝 **评析：**

在上述案例中，慈利县高度重视风险防控，不断强化风险意识，通过打防并举、管教并重、科技赋能等一系列扎实有效的举措，有效防范化解了重大风险隐患，维护了地方经济社会的稳定与发展。这充分说明，发展是硬道理，但安全更是发展的条件和保障。

当前，世界百年未有之大变局加速演进，我国发展环境面临深刻复杂的变化。只有更好统筹发展和安全的关系，既办好保证国家安全这个"头等大事"，又抓好发展这个"第一要务"，才能筑牢治国安邦的根基、增强攻坚克难的底气，推动中国号巨轮劈波斩浪、行稳致远。

看鉴历史

"贞观之治"的历史镜鉴

"贞观之治"是唐朝初年唐太宗李世民在位期间出现的治世局面。当时，政治比较清明，经济得到进一步发展，国力增强，文教昌盛。因其时年号为"贞观"，故史称"贞观之治"。

请扫描二维码"贞观之治：唐太宗李世民的治国智慧"，了解唐太宗李世民的治国智慧，并从统筹发展和安全的角度分析"贞观之治"是如何实现的。

贞观之治：唐太宗李世民的治国智慧

行 以修身

主题展览：紧握安全之桨，稳驶发展之船

活动背景

当前，国内外形势正在发生深刻、复杂的变化，我国正处于重要战略机遇期。统筹发展和安全，是我们党立足我国发展所处的新阶段、国家安全面临的新形势作出的战略选择。作为国家未来的栋梁，青年学子承担着推动国家进步、维护国家安全的重要使命。请同学们围绕"紧握安全之桨，稳驶发展之船"这一主题，开展主题展览活动，了解国家统筹发展和安全的一系列举措，理解并认同国家统筹发展和安全的战略意义，从而增强维护国家安全的责任感和使命感。

活动步骤

（1）全班同学自由组合成4个小组。每个小组选出1名组长和1名讲解员。

（2）各小组抽签决定所要负责的展区。各展区的内容如下所示。

① 全球视野·共察发展和安全问题：介绍当前国内外形势，阐述统筹发展和安全的重要性和紧迫性。

② 政策领航·共话统筹发展和安全蓝图：解读关于国家统筹发展和安全的重要政策文件。

③ 实践探索·共寻统筹发展和安全之路：通过具体的案例及文字介绍，说明我国为更好统筹发展和安全所做的一系列努力和实践。

④ 个人行动·共筑发展和安全之梦：通过视频采访、故事分享等形式，展示个人是如何为统筹发展和安全做出贡献的，或鼓励参与者写下一句关于如何为国家安全做贡献的话。

（3）各小组讨论，确定各展区的展览形式及资料的搜集方向。展览可采用以下几种形式。

① 制作精美的展板，以丰富的图片，简洁的文字、图表等方式呈现相关内容。

② 展示相关的实物模型，如军事装备模型等，增强展览的趣味性和吸引力。

③ 利用视频、动画、投影或互动装置等形式直观展示相关内容。

（4）各小组成员通过网络搜集相关资料，并将搜集到的资料进行梳理和加工，确保资料内容符合展区主题和要求。

（5）各小组成员分工合作，共同制作展品。

（6）各小组完成展品制作后，在教室或其他合适的场地进行预展布置，预览展品的展示效果。

（7）确定展览场地，全班同学共同参与展览的正式布置。

（8）展览期间，各小组的讲解员负责为观众讲解，并回答观众的提问。其他成员也应积极参与，主动与观众交流，并收集他们的意见和建议。

（9）展览结束后，各小组成员展开讨论，总结在展览筹备和举办过程中的收获和不足。

活动拓展

通过开展"紧握安全之桨，稳驶发展之船"主题展览活动，相信同学们对发展和安全的关系、统筹发展和安全的重大意义有了更深刻的认识。在新时代新征程上，为了更好地统筹发展和安全，坚持底线思维、增强忧患意识至关重要。然而，坚持底线思维、增强忧患意识绝非仅关乎国家发展大局，其对于个人的成长和发展同样意义重大。请思考：新时代的大学生应该如何坚持底线思维、增强忧患意识？思考后，请将你的想法写在下方的横线上。

活动评价

全班同学可参考表 3-1 对自己在活动中的表现进行评价，并请教师进行点评。

表 3-1　实践活动评价表

考核内容	评价标准	分值	得分
活动实施	积极参与小组讨论，能够清晰地表达自己的看法，并认真倾听他人的观点	10	
	积极参与展览活动，并按时完成所分配的任务	20	
活动成果	所展览的内容真实、准确，展览的形式新颖、具有吸引力	20	
	能够从自身出发，探索坚持底线思维、增强忧患意识的有效途径，所写的内容逻辑清晰、语言流畅	20	
综合素养	充分发挥创造力和想象力，积极思考，勇于创新	15	
	具有辩证思维能力，能够深入理解发展和安全的关系	15	
合计		100	
教师评价			

第四章

坚持以人民安全为宗旨

案例引入 ——生命至上，争分夺秒：山体滑坡灾害救援

在云南省昭通市镇雄县塘房镇凉水村，挖掘机轰鸣，救援人员加紧搜救，灾民安置井然有序……一场生命至上的大搜救震撼上演。

2024年1月22日6时，塘房镇凉水村发生山体滑坡，造成18户房屋被掩埋、47人失联。习近平总书记闻讯后，立即作出重要指示，要求全力搜救失联人员，尽最大努力减少人员伤亡，并加强监测预警，妥善做好受灾群众安置等工作。

灾情就是命令！国家各部门迅即行动，云南省各相关部门也快速响应，第一时间投入救援。财政部和应急管理部紧急预拨中央自然灾害救灾资金，以为抢险救援和受灾群众提供援助。自然资源部令云南省自然资源厅立即派出专家工作组前往现场，为搜救行动提供技术支持。应急管理部工作组紧急赶赴灾区，指导地质灾害应急处置与防范工作，并指导开展受灾群众的基本生活救助工作。与此同时，云南省委常委会也召开了扩大会议，进一步细化救援部署工作。

面对突如其来的灾难，国家各部门及云南省相关部门迅速响应。各方从多维度协同合作，切实守护人民群众的生命安全。这一系列行动生动彰显了国家始终坚持以人民安全为宗旨，将人民安全及利益放在首要位置的坚定决心与使命担当。

学习引航

知识目标

◈ 理解坚持以人民安全为宗旨的科学内涵。

◈ 了解新时代人民安全面临的风险挑战。

◈ 明确新时代维护人民安全的途径和方法。

素质目标

◈ 树立生命至上的理念，自觉敬畏生命、珍视生命。

◈ 深刻认识到国家在维护人民安全方面的坚定决心，增强对国家的认同感和归属感。

◈ 提高对危害人民安全行为的鉴别力，敢于同危害人民安全的行为作斗争。

要点击破

○ **请你思考：** 如何理解党全心全意为人民服务的宗旨和总体国家安全观坚持以人民安全为宗旨的关系？

● **内容点拨：** 坚持以人民安全为宗旨，是总体国家安全观的精髓所在，是中国共产党全心全意为人民服务的根本宗旨在国家安全工作领域的集中要求和必然反映，符合历史前进规律，体现时代进步要求，彰显深厚人民情怀。

○ **请你思考：** 坚持以人民安全为宗旨的科学内涵是什么？

● **内容点拨：** 坚持以人民安全为宗旨，就是要把人民安全作为出发点和落脚点，贯穿总体国家安全观所涵盖的各领域全过程，切实保护人民群众生命安全和健康，保障人民群众财产安全和其他合法权益安全，维护和发展最广大人民的根本利益。

○ **请你思考：** 在新时代背景下，我国人民安全面临的风险挑战包含哪些方面？

● **内容点拨：**（1）维护人民生命安全面临的风险挑战。威胁人民生命安全的因素主要来自自然灾害、公共卫生事件、事故灾难和社会安全事件等方面。

新规出台，让预制菜吃得更放心

（2）维护人民健康安全面临的风险挑战。威胁人民健康安全的因素主要来自食品药品安全及医疗卫生服务等方面。

（3）维护人民财产安全面临的风险挑战。威胁人民财产安全的因素主要包括非法金融活动和电信网络诈骗。

（4）维护人民其他合法权益安全面临的风险挑战。进入新时代以来，人民群众各方面合法权益安全的保障水平得到大幅提升，但距离满足人民群众对美好生活需要的期待还有不小差距。

请你思考：在新时代背景下，我国维护人民安全的途径和方法有哪些？

内容点拨：(1) 坚持以人民为中心推进国家安全体系和能力现代化。第一，牢固树立人民至上理念；第二，不断提高维护人民安全的能力和水平；第三，坚定不移走中国人权发展道路。

(2) 着力解决人民群众反映强烈的安全问题。第一，以对人民极端负责的态度抓好安全生产工作；第二，不断提升公共卫生防控救治能力；第三，切实提升食品药品安全保障水平；第四，健全社会保障体系；第五，全面提高国家综合防灾减灾救灾能力。

(3) 充分调动人民群众维护国家安全的积极性。第一，筑牢国家安全人民防线；第二，加强国家安全宣传教育学习。

请你思考：如何筑牢国家安全人民防线？

内容点拨：要坚持马克思主义群众观点和党的群众路线，注重组织动员社会力量共同参与。拓展人民群众参与维护公共安全的有效途径，加强安全公益宣传，健全公共安全社会心理干预体系，积极引导社会舆论和公众情绪，动员全社会的力量来维护公共安全。按照"完善党委领导、政府负责、民主协商、社会协同、公众参与、法治保障、科技支撑的社会治理体系"的要求，充分发挥社会组织的积极作用，推动社会组织健康有序发展，逐步完善服务的方式方法，提高社会组织参与社会治理的效能，降低公共安全风险。

自测自评

一、不定项选择题

1. 维护人民安全的首要任务是（　　）。

　　A. 保护人民生命安全　　　　　　　B. 保障人民健康

　　C. 保障人民财产安全　　　　　　　D. 维护人民政治和文化权益

2. （　　）是人民幸福生活的基础，是民族昌盛和国家强盛的重要标志，也是社会文明进步的重要体现。

　　A. 经济发展　　　　　　　　　　　B. 政治稳定

　　C. 人民健康　　　　　　　　　　　D. 安全生产

3. 人民生活的安全网和社会运行的稳定器是（　　）。

　　A. 公共卫生体系　　　　　　　　　B. 应急管理体系

　　C. 社会福利服务体系　　　　　　　D. 社会保障体系

4．在网络信息化不断发展并对人民群众日常生活影响不断增强的背景下，（   ）对人民财产安全的威胁越来越明显。

    A．非法金融活动

    B．电信网络诈骗

    C．重大自然灾害

    D．重特大安全生产事故

5．在新时代背景下，坚持以人民为中心推进国家安全体系和能力现代化，需要（   ）。

    A．牢固树立人民至上理念

    B．不断提高维护人民安全的能力和水平

    C．坚定不移走中国人权发展道路

    D．加强国家安全宣传教育学习

二、判断题

1．尊重和保障人权，是法治的根本目的。   （   ）

2．食品药品安全关系每个人的身体健康和生命安全，因此要加快制定相关安全标准。

    （   ）

3．人民是维护国家安全的力量源泉和坚强后盾，因此要充分调动人民群众维护国家安全的积极性。   （   ）

三、简答题

1．简述坚持以人民安全为宗旨的科学内涵。

2．在新时代背景下，我国保障人民安全的有效举措有哪些？

以案说理

》案例①

电信网络诈骗花样翻新，人民群众如何守好"钱袋子"

2024 年 10 月 29 日晚，重庆市酉阳县公安局反诈中心收到线索，某小区居民谭某疑似遭遇诈骗。中心民警通过研判分析找到谭某的住址后，联合城南派出所民警迅速上门，进行劝阻，帮助谭某避免了 12 万元的损失。

据了解，2024 年中下旬，谭某在网友的介绍下，开始在手机某平台上刷单。起初，经过多次的刷单操作，谭某获得了几十元到几百元不等的返利，这使得她对该平台产生了极大的信任。然而，这正是诈骗分子精心设计的陷阱。

2024 年 10 月 29 日，在谭某试图将她的收益提现时，该平台突然出现错误提示，显示谭某的账户已被冻结。紧接着，所谓的"客服人员"告诉她，要想解冻账户，她需要提供一笔现金，并将现金通过送货公司送至指定地点。"工作人员"收到现金后，才能进行解冻操作。按照对方的要求，谭某前往银行提取了 12 万元现金，然后在手机上预约了送货公司，打算将这笔巨款送到诈骗分子指定的地点。

在民警上门劝阻时，谭某的 12 万元现金正被某送货公司送往诈骗分子指定的地点。面对这一紧急情况，民警立即通过送货平台联系送货的司机。好在司机刚出发不久，尚未到达目的地。在民警将相关情况告知司机后，司机即刻返回，很快便将 12 万元现金全部送回了谭某手中。

事后，谭某对民警的帮助表示深深的感谢，并特地制作了两面锦旗送到了酉阳县公安局反诈中心。经过对整个诈骗流程的剖析，谭某深刻认识到了自己轻信网上刷单返利这一行为的错误，并表示今后将不断提高防骗意识，不向陌生人交钱"投资"，也不向陌生账户转账。

针对这起案件，警方发出了重要提示：广大快递员和网约车司机要增强防范意识。在接单过程中，如遇客户投送大额现金、运送不明包裹、频繁更换交易地点等可疑情况，应立即向警方举报。广大人民群众要提高警惕，切勿轻信网上刷单返利、网络投资赚钱等说辞，如遇要求使用快递、网约车寄送现金或黄金的情况，应立即拒绝并向警方举报，以免

遭受财产损失。

（资料来源：《"线上诈骗+线下取钱"女子遭遇新型网络诈骗 酉阳警方及时劝阻》，
酉阳土家族苗族自治县人民政府网，2024年11月12日）

 评析：

作为一种新型违法犯罪活动，电信网络诈骗已经成为威胁人民群众财产安全的重要因素之一。从这起电信网络诈骗案件来看，诈骗分子通过虚假平台、虚假返利构建了一个看似合理、实则充满陷阱的网络环境。之后，诈骗分子利用送货公司，将诈骗行为从线上延伸到线下，进一步增强了其诈骗行为的隐蔽性和复杂性。若非酉阳县公安局反诈中心民警及时发现线索并迅速采取行动，谭某的12万元现金必然会落入诈骗分子之手。这警示我们，必须高度重视电信网络诈骗的严重性和复杂性，加强防范意识，提升识别能力，同时积极支持和配合反诈工作，守护好自己的财产安全。

▶▶ 案例 ②

重拳出击：10名缅北重大犯罪嫌疑人被押解回国

2024年1月30日，缅甸联邦共和国（以下简称"缅甸"）警方依法向我国公安机关移交了6名缅北果敢自治区电信网络诈骗犯罪集团的重要头目，以及另外4名重大犯罪嫌疑人。此次行动是中缅两国国际警务执法合作取得的又一标志性战果，充分彰显了两国联合打击跨国电信网络诈骗犯罪，共同维护安全、稳定秩序的坚定决心和坚强意志。

长期以来，缅北果敢自治区以白所成、魏怀仁、刘正祥、徐老发等人为首的多个犯罪集团，大肆组织开设诈骗窝点，甚至动用武装力量公然为诈骗活动保驾护航。他们针对我国公民疯狂实施电信网络诈骗犯罪活动，涉案金额巨大，给我国公民造成了严重的财产损失。然而，他们的恶行还远不止于此，更涉嫌故意杀人、故意伤害、非法拘禁等多种严重暴力犯罪。其犯罪情节之恶劣，社会危害之严重，更是达到了令人触目惊心的程度。广大人民群众对此深恶痛绝，无不期盼着能够早日将这些犯罪分子绳之以法。

在掌握相关犯罪事实和证据的基础上，2023年12月10日，我国公安机关对白所成等10名缅北果敢自治区电信网络诈骗犯罪集团的重要头目进行悬赏通缉。在我国外交部和我国驻缅甸联邦共和国大使馆的大力支持下，我国公安部派出工作组赴缅甸开展国际警务执法合作。工作组与缅方进行了多轮会谈磋商，就联合打击电信网络诈骗犯罪、全力缉捕并移交电信网络诈骗集团的重要头目等达成一致意见。随后，缅甸警方陆续抓获了我国公安机关公开通缉的白所成等10名犯罪嫌疑人，并于2024年1月30日将到案的10名犯罪嫌疑人移交我方。当天，我国公安部组织云南公安机关民警赴缅甸执行包机押解任务，将相关犯罪嫌疑人押解回国。

我国公安机关有关负责人表示，为坚决彻底铲除缅北涉我电信网络诈骗犯罪"毒瘤"，我国公安部与缅甸警方持续开展执法安全合作，云南公安机关不断深化与缅甸相关地方执法部门的边境警务执法合作。在前期持续不断的打击下，截至2024年1月31日，已有4.4万名缅北涉我电信网络诈骗犯罪嫌疑人被移交我方。我国公安机关将始终保持对此类犯罪的严打高压态势，不断深化国际执法合作，持续缉捕电信网络诈骗犯罪集团的重要头目，纵深推进专项打击行动，坚决维护人民群众的生命财产安全，切实维护边境安全稳定。

（资料来源：张天培，《十名缅北重大犯罪嫌疑人被押解回国》，

《人民日报》，2024年1月31日）

 **评析：**

在信息网络快速发展的当下，电信网络诈骗犯罪不再局限于某一特定区域，而是呈现出突破国界、地域限制，国内外结合的明显趋势，对人民群众的生命财产安全和社会稳定构成了巨大威胁。近年来，缅北地区涉我电信网络诈骗犯罪高发，波及范围广泛，危害程度深重。正如上述案例所述，相关犯罪集团不仅通过实施电信网络诈骗活动，使我国公民遭受了巨额财产损失。同时，还涉嫌故意杀人、故意伤害、非法拘禁等多种严重暴力犯罪，这直接危及了民众的生命安全，严重扰乱了社会的正常秩序。

面对这一严峻形势，我国公安机关加强与缅甸执法部门的国际警务执法合作，共同打击跨境电信网络诈骗犯罪。这对境外诈骗集团造成了沉重的打击，有效遏制了其嚣张气焰及此类犯罪的蔓延。同时，也体现了我国保护人民群众生命财产安全的坚定决心，以及维护社会稳定、保障边境安全、促进国际执法合作的强烈意愿和不懈努力。

▶▶ 案例 ③

从"诊疗洼地"到"病有良医"

人民健康是社会主义现代化的重要标志。党的二十届三中全会提出，"深化医药卫生体制改革""促进优质医疗资源扩容下沉和区域均衡布局"。然而，如何推动县域医疗资源提升、扩容、下沉，成为摆在很多城市面前的一道难题。

2023年4月，一直被视为"诊疗洼地"的山东省青岛市莱西市开始了一场"先立后破"的改革，创新实施"名院托管+县域共同体"医改模式，全面提升医疗服务水平，最终探索出了一条县域医改新路径。

管理模式更优化，就近就医更便利

莱西市医疗服务体系存在底子薄、经营管理差、群众本地就医意愿弱等问题。解决基层群众看病贵、看病难的问题是莱西市医改的一道必答题。

2023 年 4 月，莱西市决定由青岛市市立医院整体托管莱西市全部县域医疗卫生资源。为此，莱西市成立了由市委书记和市长担任组长的医改领导小组，整合全市 5 家公立医院、16 家乡镇卫生院及 464 家村卫生室等，组建了莱西市医疗集团，由青岛市市立医院输出品牌、管理、技术、人才，实施全面同质化托管；同时，还从管理模式、人才配置、药品采买、医疗服务等多方面进行了改革创新，重塑了全市医疗卫生体系。

2024 年，莱西市医疗集团各项年度运行数据达到新高：门诊量同比增长 19%，手术量同比增长 31%，三四级手术同比增长 44%，医疗服务收入占比提高 4 个百分点，平均住院日下降 0.51 天。

优质资源沉下去，医疗水平提起来

为带动县域医疗服务能力全面跃升，青岛市市立医院下派 110 名技术专家进驻莱西市。其中，82 名常驻专家每周至少有 4 天在莱西市工作，43 名特聘专家定期到莱西市坐诊，做强肿瘤、心脑血管、妇产儿科等重点学科的手术。这些专家在亲自做高难度手术的同时，还谨记"传帮带"的使命，致力于为莱西市培养一支带不走的医疗团队。

此外，医改还促进了大量优质医疗资源从青岛市区下沉至莱西市乃至乡镇、村庄。针对基层常见的疼痛、呼吸、康复等疾病，莱西市医疗集团为每个乡镇卫生院制定了学科发展规划，致力于帮助其打造 1 至 2 个特色专科，全面提升基层医疗服务水平。

回流患者多了，就医负担少了

大刀阔斧的改革为莱西市的卫生健康事业带来了勃勃生机。随着医疗水平的显著提升，大病、重病患者选择重新回到莱西市内就医，而常见病、多发病患者也回流至基层卫生院就医。如今，能够在莱西市顺利实施的高难度手术越来越多，邻近县市的居民也开始到莱西市就医。

医改让百姓能就近看好病，也让其就医的负担明显降低。三甲医院名医进驻莱西市，让群众以二级医院的收费享受到了三级医院的医疗服务。此外，医改以来，莱西市全市公立医院的药品费用占医疗总费用的比例大幅降低，医疗费用支出结构也更加合理。

莱西市医改，"改"掉了百姓看病的痛点和堵点，大幅提升了百姓的就医满意度。2023 年以来，莱西市医改入选全国"公立医院高质量发展标杆实践案例"和山东省 2024 年财政支持县域医疗卫生高质量发展提升项目。

（资料来源：刘艳杰、朱楠，《从"诊疗洼地"到"病有良医"——山东青岛莱西市积极推动优质医疗资源下沉》，《光明日报》，2024 年 11 月 6 日）

✎ 评析：

人民健康在全面建设社会主义现代化国家进程中居于优先发展的战略位置。党的十八大以来，党中央将保障人民健康作为党为人民奋斗的重要目标，作出"全面推进健康中国建设"重大决策部署，推动我国医疗卫生服务体系不断完善，基本公共卫生服务均等化水平不断提高。

　　莱西市敢于破冰，勇于探索，通过实施"名院托管+县域共同体"的医改模式，实现了医疗服务的全面提质增效，成为从"诊疗洼地"转变为"病有良医"的典范。这一变革不仅深刻影响了当地医疗卫生体系的格局，更为人民健康安全提供了坚实的保障。同时，莱西市医改的成功实践也为我国县域医改提供了宝贵的经验，为构建更加优质高效、公平可及的医疗卫生体系提供了有益的借鉴。

案例 4

三十天精心医治，多方救援还故乡

　　2023年12月26日，对一直在刚果（布）务工的弥先生而言，是个幸福的日子！这一天，他满怀着激动和期盼，踏上了归国的航班。回首过去的一个月，他经历了人生中一段难忘的生死考验，而这段经历也让他深刻感受到了来自祖国与同胞的温暖。

　　11月26日零点，第30批援刚医疗队黑角分队接到了中国驻刚果共和国大使馆的电话，得知当地医院有一位华人患者病情危急，需要紧急就诊。当时正值午夜，暴雨倾盆，但医疗队没有丝毫犹豫，立即安排三位医生和一位翻译冒雨赶往医院。当他们抵达时，患者弥先生已经意识模糊，出现大小便失禁、高热不退和低血压休克等症状。此时的弥先生孤身一人且治疗费用不足，随时面临停药和停止治疗的风险。

　　与此同时，中华商会在接到中国驻刚果共和国大使馆的电话后，也火速派人赶赴医院，并全额支付了弥先生的治疗费用。医疗队与中华商会紧急商议后向中国驻刚果共和国大使馆请示，各方一致认为：生命至上，必须全力以赴救治患者，将弥先生转至重症监护室接受治疗。

　　经过全力抢救，弥先生的病情逐渐趋于稳定，随后被转至普通病房继续接受治疗。但由于语言不通，医护沟通及日常生活对弥先生来说都极为不便。弥先生希望能够转至卢旺基里医院（中国对刚援助的规模最大的医院），由中国医疗队继续为其诊治。医疗队在对其身体状况进行全面评估后，安排专车将其接至受援医院内科进行后续治疗。在医疗队全体人员的精心医治和照料下，弥先生的各项指标明显好转，病情进一步稳定。12月4日，弥先生顺利出院。

　　然而，出院两周后，弥先生的病情出现反复。得知消息后，医疗队立即安排弥先生返回医院，并为其诊治。很快，弥先生的病情得到了控制。

　　第二次生病后，弥先生的思乡之情愈发浓烈，同时也对自己的身体状况忧心忡忡，遂提出回家的愿望。但此时的他手头拮据，根本无力承担机票费用。中国驻刚果共和国大使馆在得知这一情况后，立即协调中华商会，以及弥先生曾经任职的中国建筑公司。在各方的共同努力之下，弥先生终于在2023年12月26日成功踏上了回国的飞机，并于12月27日顺利抵达中国，与家人团聚。

在抵达家乡的那一刻，弥先生激动不已，感慨万千。他专门发来消息，感谢中国大使馆、中华商会、中国医疗队黑角分队、中国建筑公司，以及将他送至医院的热心同胞李先生的帮助和支持。同时，他也深刻感受到，无论身在何方、身处何境，祖国永远都是海外中国公民最坚实的依靠。

（资料来源：《三十天精心医治，多方救援还故乡》，中华人民共和国驻刚果共和国大使馆官方网站，2023年12月31日）

评析：

随着我国改革开放的持续深入和对外交流的日益增多，越来越多的公民走出国门。多年来，我国始终坚持人民至上，高度重视海外中国公民的安全，坚决维护海外中国公民的权益。在上述案例中，中国驻刚果共和国大使馆在接到紧急求助后，迅速行动，协调各方资源，确保弥先生能够在第一时间得到救治。

其实，这样的例子屡见不鲜。面对紧急情况，中国驻外机构总是能够迅速响应，为身处困境的海外中国公民提供及时有效的帮助。例如，2023年，当中国游客钱先生在巴塞罗那旅游期间突发重病时，中国驻巴塞罗那总领事馆迅速响应，派工作人员赴医院探望，促请医院全力救治，并协助其回国。2024年，一名中国公民在日本海边游玩时不慎被海浪卷走，中国驻日本国大使馆第一时间与当地警方取得联系，协调各方力量全力搜救。最终，该公民平安脱险。

除此之外，当中国公民在海外遭遇自然灾害、事故灾难及战乱等突发事件时，我国政府也总是迅速作出反应，积极组织撤离、救援等行动，全力保障海外中国公民的安全。例如，2022年，随着乌克兰局势不断紧张升级，我国外交部启动领事保护应急机制，组织在乌同胞抓紧安全避险。同时，抓住战局中出现的时间窗口，组织紧急撤侨行动。2024年，为保护在黎中国公民的人身财产安全，我国政府先后组织两批撤侨行动，帮助200多名中国公民从黎巴嫩安全撤离。

这些行动不仅体现了我国政府对海外中国公民安全和合法权益的高度重视，还向海外中国公民传递了一个信息：无论身处何方、遇到何种困难，祖国始终是他们最坚强的后盾。

看鉴历史

地震救援：人民至上理念的生动诠释

2008 年 5 月 12 日 14 时 28 分，四川省汶川县发生 8.0 级地震，造成了 8.7 万人遇难，4 625 余万人受灾，直接经济损失达到了 8 451 亿元。这是中华人民共和国成立以来破坏性最强、波及范围最广、救灾难度最大的一次地震。

汶川地震：不能忘却的记忆

地震发生后，在党中央的领导下，无数支救援力量奔赴一线，解放军、武警部队、医务人员等达十万人，志愿者超过百万。气壮山河的生命大救援，迸发出世所罕见的中国速度、中国力量、中国精神。一个个急促的时间刻度，清晰地记录下一个政党、一个政府对生命的尊重、对人民的责任。这彰显了我们党什么样的立场？请扫描二维码"汶川地震：不能忘却的记忆"，观看关于汶川地震救援现场的视频。然后，通过身边人身边事，谈谈你对牢固树立人民至上理念的理解。

行 以修身

▶ 短视频制作：筑牢安全防线，守护人民安全

活动背景

国家安全是民族复兴的根基，而人民安全是国家安全的核心。坚持以人民安全为宗旨，是新时代国家安全工作的鲜明特色。面对国内外复杂多变的安全形势，我国采取了一系列行之有效的措施来保障人民安全。请同学们以小组为单位，围绕"筑牢安全防线，守护人民安全"这一话题，创作一部短视频。在创作短视频时，可以以情景剧的形式呈现与守护人民安全相关的故事，也可以以动画、解说等形式展现国家在不同领域为保障人民安全所做的努力及取得的显著成果。

活动步骤

（1）全班同学自由组合成若干小组，每组 6～8 人，并选出 1 名组长。

（2）各小组讨论，确定短视频的方向和主题，并根据组内成员的特长进行任务分配。

（3）各小组成员查阅并整理相关资料。然后，根据主题构思脚本。脚本应包括情节设计、角色设定、对话编写等内容，具体创作要求如下。

① 内容要有创意，能够吸引观众的注意力。

② 尽量使用真实数据和案例，确保信息的准确性。

③ 篇幅适中、重点突出，确保视频时长在3～5分钟。

（4）各小组组长组织小组成员讨论和修改脚本，并进行排练。

（5）各小组选择合适的拍摄地点，按照脚本进行拍摄。

（6）各小组将拍摄的素材进行剪辑，添加配音、配乐、字幕和特效。

（7）各小组派代表在课堂上展示完成的短视频作品。

活动拓展

人民安全作为国家安全的基石，其重要性不言而喻。近年来，各大新闻媒体及视频网站精心策划并推出了众多聚焦人民安全的纪录片、影片及宣传视频，如《生命重于泰山》《安全发展之路》《人民至上》《健康中国》《火线救援》等。请同学们任选一个视频，认真观看，并结合视频谈谈国家在维护人民安全方面所做的努力。然后，请思考：作为新时代的大学生，你应该如何为维护人民安全贡献自己的力量？思考后，请将你的想法写在下方的横线上。

全班同学可参考表 4-1 对自己在活动中的表现进行评价，并请教师进行点评。

表 4-1　实践活动评价表

考核内容	评价标准	分值	得分
活动实施	积极参与小组讨论，能够提出有价值的想法	10	
	能够通过多种渠道广泛搜集资料，并按时完成各项任务	10	
活动成果	所撰写的脚本内容贴合主题、积极向上	20	
	所创作的视频质量高，画面清晰，剪辑流畅	20	
	能够结合自身实际，认真思考自己能为维护人民安全所做的贡献，所写的内容条理清晰、语言流畅	20	
综合素养	能够深入理解以人民安全为宗旨在国家安全中的核心地位，并树立起自觉维护人民安全的使命感与责任感	10	
	具有较强的问题解决能力，能够积极主动地解决实践中遇到的难题	10	
合计		100	
教师评价			

第五章

坚持以政治安全为根本

案例引入 ——大学生受教唆创办境外反动网站

2020年8月，国家安全机关侦破一起严重危害国家政治安全的案件。河北省某高校新闻系的学生田某，便是此案的主角。

田某长期收听境外反华媒体的广播节目，并大量浏览境外反华信息。之后，他开通了境外社交媒体账号，开始与境外反华势力人员互动。后来，经境外反华媒体记者引荐，田某成为西方某知名媒体北京分社的实习记者。其间，他大量接收活动经费，介入炒作热点敏感事件，累计向境外提供3 000余份反宣素材，刊发署名文章500余篇，成了境外反华势力的"马前卒"。2018年，他在境外反华势力的蛊惑下创办境外反华网站，传播大量反华信息与政治谣言，恶意攻击我国。2019年4月，田某受境外反华媒体人邀请，秘密前往西方某国，与境外众多敌对组织接触。他接受了该国10余名官员的问询和指令，秘密搜集并向境外提供了抹黑我国的所谓"证据"。

田某与境外反华势力开展的一系列渗透活动严重危害了我国政治安全。国家安全机关经过严密侦查，于2019年6月将其抓捕。田某一案警示我们，境外反华势力的渗透无孔不入。作为国家的一分子，我们每个人都应保持高度警惕，增强国家安全意识，树立正确的价值观，共同维护国家政治安全。

学习引航

知识目标

- 明确坚持以政治安全为根本的科学内涵。
- 深刻认识新时代政治安全面临的风险挑战。
- 熟悉新时代维护政治安全的途径和方法。

素质目标

❖ 坚定政治立场，坚决反对任何危害国家政治安全的行为和言论。

❖ 提升洞察力，能够敏锐识别各类事件现象背后潜藏的政治风险。

学 以明义

要点击破

○ **请你思考：** 坚持以政治安全为根本的科学内涵是什么？

● **内容点拨：** 坚持以政治安全为根本，主要是指维护人民民主专政的国家政权安全、维护中国特色社会主义制度安全、维护社会主义意识形态安全。其中，维护人民民主专政的国家政权安全是根本，维护中国特色社会主义制度安全是基础，维护社会主义意识形态安全是关键，三者统一于坚持以政治安全为根本的生动实践。

○ **请你思考：** 在新时代背景下，我国政治安全面临的风险挑战有哪些？

● **内容点拨：**（1）意识形态领域斗争复杂尖锐。

（2）策划"颜色革命"和"西化"中国图谋从未停歇。

（3）"三股势力""台独"等"分化"中国的威胁依然存在。

（4）解决大党独有难题过程长期艰巨。

揭秘网络攻击

背后的分裂阴谋

○ **请你思考：** 如何与"三股势力"作斗争，以维护政治安全？

● **内容点拨：** 与"三股势力"的斗争，一定要放在近代以来中国人民同帝国主义侵略势力分裂中国的图谋不断进行斗争的大背景下去把握，从维护国家政权安全、巩固和发展中国特色社会主义制度的政治高度去部署，始终牢记这是一场坚决粉碎西方敌对势力对我国实施"分化"图谋的斗争，是一场捍卫祖国统一、维护民族团结的斗争。与"三股势力"的斗争根本没有调和、妥协和退让的余地，更不能抱侥幸的心理而听之任之。

○ **请你思考：** 如何解决大党独有难题？

● **内容点拨：** 必须深入贯彻习近平关于党的自我革命的重要思想，坚持不懈推进全面从严治党，坚持以政治建设为统领，坚持把思想建设作为党的基础性建设，坚决落实中央八项规定精神，坚持以雷霆之势反腐惩恶，坚持增强党组织政治功能和组织功能，坚持构建自我净化、自我完善、自我革新、自我提高的制度规范体系，不断开辟百年大党自我革命新境界。

○ **请你思考**：在新时代背景下，我国维护政治安全的途径和方法有哪些？

● **内容点拨**：（1）牢牢坚持马克思主义指导思想的地位。第一，必须坚持马克思主义理论武装，坚定理想信念；第二，必须善于运用马克思主义世界观和方法论，做到实事求是。

（2）牢牢坚持和不断加强党的全面领导。第一，充分发挥党总揽全局、协调各方的领导核心作用；第二，坚决维护习近平同志党中央的核心、全党的核心地位，坚决维护党中央权威和集中统一领导；第三，在坚持党的群众路线中不断夯实党执政的群众基础。

（3）始终坚定中国特色社会主义"四个自信"。第一，坚定道路自信，确保维护政治安全的正确方向；第二，坚定理论自信，筑牢维护政治安全的理论根基；第三，坚定制度自信，强化维护政治安全的制度保障；第四，坚定文化自信，凝聚维护政治安全的多方合力。

（4）全面贯彻党的民族政策和宗教政策。第一，必须全面贯彻党的民族政策，深化民族团结进步教育，铸牢中华民族共同体意识，加强各民族交往交流交融，促进各民族像石榴籽一样紧紧抱在一起，共同团结奋斗、共同繁荣发展；第二，要完整、准确、全面贯彻党的宗教信仰自由政策，尊重群众宗教信仰，依法管理宗教事务，坚持独立自主自办原则，积极引导宗教与社会主义社会相适应。

☑ 自 测 自 评

一、不定项选择题

1.（ ）是马克思主义的根本观点，同时也是中国共产党的基本思想方法、工作方法、领导方法。

A．党的群众路线　　B．实事求是　　　　C．独立自主　　　　D．党的全面领导

2．维护政治安全，必须坚定（ ），这意味着必须走改革开放这条必由之路，在贯彻新发展理念和构建新发展格局中不断提高领导改革开放的能力和水平。

A．道路自信　　　B．文化自信　　　C．制度自信　　　D．理论自信

3．维护政治安全的政治基础和根本保障是坚决维护（ ）。

A．习近平同志党中央的核心、全党的核心地位

B．人民代表大会制度

C．马克思主义指导地位

D．党中央权威和集中统一领导

4．习近平总书记在《时刻保持解决大党独有难题的清醒和坚定，把党的伟大自我革命进行到底》中指出："我们党是在马克思主义建党学说指导下、按照（　　）原则建立起来的世界最大政党。"

A．一国两制　　　　　　　　　B．独立自主自办

C．民主集中制　　　　　　　　D．人民民主专政

5．我国的人民民主是一种全过程人民民主，集中体现在我国人民依法实行民主选举、（　　）。

A．民主协商　　B．民主决策　　C．民主监督　　D．民主管理

二、判断题

1．全过程人民民主是社会主义民主政治的本质属性，是最广泛、最真实、最管用的民主。　　　　　　　　　　　　　　　　　　　　　　　　　　　（　　）

2．维护中国特色社会主义制度安全的根本在于毫不动摇坚持马克思主义信仰和共产主义的理想信念。　　　　　　　　　　　　　　　　　　　　　　　（　　）

3．党的十八届三中全会提出，全面深化改革的总目标是完善和发展中国特色社会主义制度，推进国家治理体系和治理能力现代化。　　　　　　　　　　（　　）

三、简答题

1．简述坚定中国特色社会主义"四个自信"在维护国家政治安全中的作用。

2．简述坚持以政治安全为根本的科学内涵。

3．在新时代背景下，如何牢牢坚持和不断加强党的全面领导，切实维护国家政治安全？

以案说理

>>案例 ①

医疗人才"组团式"援藏

2023 年 11 月 21 日，西藏自治区人民医院心胸外科援藏专家闫朝武教授及他的医疗团队，为 9 岁的病人旦增卓玛进行了一场手术。据闫朝武教授介绍，由于肺动脉瓣狭窄，旦增卓玛出现了右心衰竭的症状，这严重影响了她的生长发育。他还指出，这场手术不同于常规的肺动脉瓣手术，难度系数高，在国内乃至全球范围内开展的次数都很少。但他相信，通过这场手术，旦增卓玛的病情将得到显著改善。

手术过程中，闫朝武教授一边指导同事进行手术操作，一边紧盯显示屏，密切关注患者的生命体征变化。经过 50 分钟的紧张手术，全区第一例肺动脉瓣狭窄介入治疗手术顺利完成！

"授人以鱼不如授人以渔。"闫朝武教授说，援藏时间有限，他会尽量在做好常规手术的同时，带领同事探索更多复杂病例的治疗方法，把更多先进技术留在高原。这位来自中国医学科学院阜外医院结构性心脏病中心的专家，计划在他一年的援藏时间里，为西藏自治区人民医院培养出更多的人才。

闫朝武教授的援藏工作正是我国医疗人才"组团式"援藏的一个缩影。2015 年，由中华人民共和国中央委员会组织部牵头，国家卫生健康委员会组织实施了医疗人才"组团式"援藏工作。其中，北京协和医院作为牵头医院对口支援西藏自治区人民医院。截至 2023 年 11 月底，已有 9 批援藏医疗队队员接力援藏。医疗人才"组团式"援藏工作成效显著。通过"以院包科""师带徒"等方式，医疗人才"组团式"援藏工作有效提升了西藏自治区人民医院的医疗服务能力，促使更多专科门诊得以建立，还提升了患者的就医体验。北京协和医院副院长、西藏自治区人民医院院长彭斌介绍，在 2023 年，西藏自治区人民医院申报了 19 项新技术、新项目，新增了帕金森、血管外科等 7 大专科门诊，医院诊疗服务不断完善。为了提供更有温度的医疗服务，医院已经建立了方便群众就医的一站式服务大厅，并设立了院领导接待日，以便更好地收集群众在就医过程中的意见。此外，医院还通过老年友善医院建设、加强导医培训等方式，提升了医院服务水平及群众就医满意度。

同样在 2023 年，北京协和医院与西藏自治区人民医院实施了双向培养人才模式。援

藏专家与数十名本地骨干医护人员签订"组团式"援藏医疗人才帮带协议书，通过"小讲堂"、师徒沟通会等方式，规范培养年轻医师的综合能力。西藏自治区人民医院也先后派出 24 名医务人员前往北京协和医院进行为期 3 个月到一年时间不等的进修学习，致力于为西藏打造一支带不走的高水平医疗队。

（资料来源：尕玛多吉、傅强，《留下一支带不走的高水平医疗队——医疗人才"组团式"援藏结硕果》，《光明日报》，2023 年 11 月 29 日）

评析：

　　和平解放以来，西藏的建设和发展始终牵动着党中央和全国人民的心。1994 年，中央第三次西藏工作座谈会拉开了对口支援西藏的帷幕。自此，中央关心西藏、全国支援西藏成为党中央的一贯政策，长期坚持，从未间断。党的十八大以来，以习近平同志为核心的党中央高度重视西藏工作，援藏工作进入了全新阶段。"组团式"援藏成为精准补足西藏民生短板、发展短板的"法宝"，同时也是我国社会主义制度"集中力量办大事"显著优势在新时代的生动体现。放眼全球，没有哪一个国家和政党，能够集中力量、持之以恒开展如此大范围、大规模、大力度的对口支援。

　　制度优势是一个国家的最大优势，制度竞争是国家间最根本的竞争。实践充分证明，中国特色社会主义制度是具有鲜明中国特色、明显制度优势、强大自我完善能力的先进制度。面对政治安全领域的各种风险，唯有坚定制度自信，充分发挥中国特色社会主义制度的优势，才能为维护国家政治安全提供坚实的制度支撑。

▶▶案例 ②

众志成城的新疆棉

　　新疆维吾尔自治区（以下简称"新疆"），这片位于中国西北部的广袤土地，因其得天独厚的自然条件，成为世界上重要的棉花生产地之一。然而，就是这样一片孕育着优质棉花的土地，却遭遇了来自反华势力的无端指责和抹黑。

　　2021 年 3 月，国外某服装企业发表声明称，良好棉花发展协会（BCI）已决定暂停在新疆发放 BCI 棉花许可证，因此该服装企业决定不再从新疆采购棉花。随后，多家国外企业相继跟风，宣称与新疆棉花"切割"。

　　这些国外企业和组织之所以做出这样的决定，完全是基于反华势力炮制的恶意谎言。他们无端指责新疆存在"强迫劳动"和其他侵犯人权的行为。然而，事实并非如此。新疆棉花生产早已实现了高度机械化，即使在忙碌的采摘季节，也不需要大量的"采棉工"。

　　面对这些无理的指责和抹黑，以及一些国外企业发布的抵制新疆棉花的声明，中国政府迅速做出了回应。中华人民共和国商务部新闻发言人高峰明确表示，所谓中国新疆地区存在"强迫劳动"，完全是子虚乌有。中国坚决反对任何外部势力干涉新疆事务和中国内政，反对基于谎言和虚假信息以所谓新疆人权问题为借口对中方有关实体和个人实施制裁。同时，中国消费者和企业也用实际行动表达了对新疆棉花的支持。那些发表抵制新疆棉花声明的国外企业在国内购物平台上已难觅踪迹。在社交媒体上，"看看新疆棉花有多白""我支持新疆棉花""新疆棉花中国自己还不够用"等话题持续刷屏，占据了各大社交平台的热搜榜。事情发生后不久，就有超过30家中国企业发布支持新疆棉花的声明。

（资料来源：李云舒、柴雅欣，《深度关注｜众志成城的新疆棉》，中央纪委国家监委网站，2021年3月26日）

✎ **评析：**

近年来，一些反华势力频繁对我国发动舆论攻击，炮制了大量涉疆议题的虚假新闻报道，借此抹黑我国，意图实现破坏新疆稳定、阻碍我国发展的目的。上述案例中的新疆棉花事件是一场典型的政治操弄和商业阴谋。在这场风波中，反华势力发布虚假信息，声称新疆存在"强迫劳动"和其他侵犯人权的问题，这是对新疆的恶意诋毁，严重损害了我国的国家形象和声誉。

这并不是孤例。一直以来，一些反华势力并没有放弃炒作新疆所谓的"强迫劳动"问题。2024年12月，国外的一些新闻媒体妄言新疆番茄采收行业存在"强迫劳动"，并"呼吁"西方国家停止使用新疆番茄原料或成品。

此类虚假信息层出不穷，但无论如何污蔑抹黑，都改变不了新疆产品物美质优的本质，破坏不了新疆经济社会发展稳定繁荣的事实。面对反华势力的不断挑衅和某些新闻媒体的持续歪曲报道，中国政府多次表示，对于一切恶意诋毁、攻击中国，损害中国主权、利益、尊严的言行，中国必将做出必要、正当和正义的回应。

>> **案例 ③**

"栗子花"下的梦魇

乌克兰土地肥沃，资源富饶，气候宜人，素有"欧洲粮仓"的美誉。但是，命运一再捉弄这个国家。在当今世界，经济发展不如30年前水平的国家已屈指可数，而乌克兰即为其中之一。

在2004年的乌克兰总统竞选中，亲西方的反对派领导人尤先科输给了时任总理的亚努科维奇。在西方的鼓动下，尤先科宣称选举不公正，号召支持者上街示威游行，掀起了以"栗子花"命名的颜色革命。在西方施加强大的政治压力和暗中支持反对派的情况下，乌克兰政府不得不妥协，尤先科如愿当选总统。

秋天的乌克兰，遍地金黄，被乌克兰人民视为富足象征的栗子树硕果累累，而颜色革

命并没有给乌克兰人民带来真正的自由和幸福。"栗子花革命"后，乌克兰反对派相互争斗，政府在半年多后就被解散。乌克兰经济发展遭到严重干扰，通胀率飙升，失业率居高不下，民众生活水平下降。同时，乌克兰东部与西部地区的分歧和对立也进一步加剧。

2013年11月底，乌克兰新一轮颜色革命再次爆发。在乌克兰政府决定暂停有关与欧盟签署联系国协定的准备工作后，乌克兰街头出现了持续3个月之久的示威游行活动。首都基辅独立广场演变成流血冲突现场，包括警察在内总计超过100人死亡，数百人受伤。时任总统的亚努科维奇出逃，反对派上台搭建新政府。随后，乌克兰南部克里米亚半岛经全民公投后宣布独立，乌克兰东部则爆发政府军与民间武装冲突……

根据2018年10月乌克兰国防部的统计，乌东冲突中乌军阵亡人数已过万。而截至2019年8月，乌东冲突已造成至少3 339名平民死亡。根据估算，乌克兰在2013年至2018年5年中损失了5%～7%的领土，流失了15%～20%的人口。乌克兰民众生活水平下降，货币贬值严重，全国超过一半的人口处于贫困线以下。

乌克兰先后经历了两次颜色革命，尽管示威者的口号很美丽，但乌克兰人民的生活并没有变得更加美好。西方承诺的"民主、自由、和平、繁荣"的美好迷梦淹没在抗议声浪和隆隆炮火声中。

（资料来源：刘洁妍、贾文婷，《"栗子花"下的梦魇——颜色革命给乌克兰带来了什么》，

人民网，2019年10月11日）

✎ **评析：**

颜色革命的实质是个别西方国家通过各种手段在有关国家和地区进行各领域渗透、培植政治反对派并鼓励其利用社会矛盾推翻现政权的一种政治颠覆活动。近年来，颜色革命日渐成为威胁国家政权安全的最大动荡源之一。乌克兰爆发的颜色革命就是典型案例。从2004年的"栗子花革命"到2013年年底爆发的独立广场抗议活动，颜色革命不仅未能如西方所承诺的那样带来民主、自由、和平与繁荣，反而使乌克兰陷入了政治动荡、经济衰退和社会分裂的泥潭。

事实证明，颜色革命不仅不是解决国内问题的良药，反而是加重问题的毒药。当前，国际局势深刻变化，我国国家安全和社会稳定面临严峻考验。特别是西方敌对势力长期以来始终没有放弃对我国进行和平演变，始终没有放弃颠覆我们党领导下的社会主义政权的图谋。对此，我们必须时刻警惕，防范、应对、抵制颜色革命，坚决、果断、果敢地捍卫国家安全不受威胁、不受侵蚀、不受损害。

》案例④

"台独"分子终将为其所作所为付出惨痛代价

2024年10月14日，国务院台湾事务办公室（以下简称"国台办"）发言人陈斌华在

例行记者会上宣布，经过仔细核查两岸民众通过国台办"台独"顽固分子线索举报邮箱提供的信息，大陆方面决定依法对沈伯洋、曹兴诚及名为"黑熊学院"的组织实施惩戒。

据悉，"黑熊学院"在外部干涉势力的扶持下，打着"讲座""培训""户外演练"甚至"亲子活动"等幌子，明目张胆地培育"暴力台独分子"，公然从事"台独"分裂活动，是一个不折不扣的"台独"基地。

作为"黑熊学院"的负责人，沈伯洋有组织、有计划地从事"台独"分裂活动。他大肆宣扬"台独"分裂谬论，恶意向台湾民众特别是青少年兜售"台独"主张和"仇中"思想，广泛散播台海暴力冲突的种子。而曹兴诚为"黑熊学院"从事的分裂国家犯罪活动提供了巨额资金支持。他不仅卖力鼓吹"以武拒统""全民皆兵"等极端言论，还投资策动拍摄"台独"题材影视剧，以各种方式灌输"反中谋独"的精神毒素。沈伯洋、曹兴诚的"台独"思想顽固、涉"独"言论嚣张、谋"独"行径恶劣。他们分裂国家、煽动分裂国家的行为已经严重危害了台海和平稳定，损害了两岸同胞的共同利益和中华民族的根本利益。

针对沈伯洋、曹兴诚和"黑熊学院"的上述行为，大陆方面决定将沈伯洋、曹兴诚列入"台独"顽固分子清单，并禁止他们及其家属进入大陆和香港、澳门特别行政区。另外，限制"黑熊学院"及沈伯洋、曹兴诚的关联机构与大陆有关组织、个人进行合作，决不允许其关联企业和金主在大陆谋利。此外，大陆方面还将依据《关于依法惩治"台独"顽固分子分裂国家、煽动分裂国家犯罪的意见》有关规定，采取其他一切必要的惩治措施，依法对其进行终身追责。

在民族复兴、祖国统一的历史大势面前，"台独"分子终将为其所作所为付出惨痛代价。陈斌华强调，对于涉"独"言行恶劣、谋"独"活动猖獗的"台独"顽固分子及"台独"基地，中国决不容忍、决不姑息，必将重拳出击、严厉惩治。他希望广大台湾同胞擦亮眼睛，认清"台独"的极端危险性、危害性，自觉与"黑熊学院"及沈伯洋、曹兴诚等"台独"顽固分子划清界限，坚决反对"台独"分裂行径。同时，他也呼吁大陆同胞与台湾同胞携手推动两岸交流合作、融合发展，共同守护中华民族共同家园，共创两岸同胞绵长福祉。

（资料来源：王頔，《国台办宣布依法对沈伯洋、曹兴诚和"黑熊学院"实施惩戒》，新华网，2024年10月14日）

✎ 评析：

台湾是中国领土不可分割的一部分。解决台湾问题、实现祖国完全统一，是党矢志不渝的历史任务，是全体中华儿女的共同愿望，是实现中华民族伟大复兴的必然要求。

沈伯洋、曹兴诚和"黑熊学院"赤裸裸地分裂国家、煽动分裂国家的罪行，严重违背岛内主流民意，严重危害台海和平稳定，严重损害两岸同胞共同利益和中华民族根本利益。

我国依法对极少数"台独"顽固分子实施惩戒，是维护国家主权、安全和发展利益的必然要求，有利于打击遏制"台独"分裂活动，维护台海和平稳定和两岸同胞的切身利益。此前，我国还依法惩治了涉嫌分裂国家犯罪、煽动分裂国家犯罪的杨智渊、富察（李延贺）等人。这些行为都彰显了我国始终坚持一个中国原则，坚决反对任何形式的"台独"分裂行径的坚定立场。

国家统一是中华民族走向伟大复兴的历史必然。在新时代新征程上，只要包括两岸同胞在内的所有中华儿女同心同德、团结奋斗，就一定能够粉碎任何形式的"台独"分裂和外来干涉图谋，就一定能够汇聚起促进祖国统一和民族复兴的磅礴伟力。祖国完全统一的历史任务一定要实现，也一定能够实现！

看鉴历史

南京条约——清政府面临的政治危机

鸦片战争爆发前，清朝统治下的中国危机四伏。西方已经进入资本主义时代。其中，英国成为头号工业强国，并不断向外进行殖民主义扩张，掠夺殖民地。为了开辟海外市场，英国开始与中国进行贸易。但在正当贸易中，中国处于明显的贸易顺差地位。为了改变这一局面，英国开始向中国大量走私鸦片。鸦片泛滥给中华民族

签订《南京条约》

带来了深重灾难，其不仅严重摧残了中国国民的体质，更导致中国政府腐败和军队战斗力减弱。在这种情况下，林则徐受命前往广东查禁鸦片，并在虎门海滩当众销毁收缴的鸦片。中国禁烟的消息传到伦敦，英国政府公然支持罪恶的毒品走私，发动侵华战争。1840年6月，鸦片战争爆发。最终，战争以中国的失败结束。

1842年8月，清政府被迫与英国签订了中国近代史上第一个丧权辱国的不平等条约——中英《南京条约》。《南京条约》的主要内容包括开放五处通商口岸、割香港岛给英国、赔款2 100万银元、协定关税等。它的签订严重损害了中国的领土完整，使中国主权国家的独立地位遭到破坏。从此，中国开始沦为半殖民地半封建社会。

扫描二维码"签订《南京条约》"，一同感受签订《南京条约》背后，清政府面临的政治危机。然后，谈谈你对政治安全的理解。

行 以修身

排演情景剧： 政治安全在身边

活动背景

政治安全作为国家安全的根本，关乎国家的稳定、人民的幸福。政治安全并非遥不可及，而是与我们的日常生活息息相关。在我们的身边就可能隐藏着一些危害政治安全的因素。例如，有的大学生可能会遇到一些自称"学长""学姐"的人。这些人打着"学术交流"的幌子，以分享资料为借口，在学生群体中传播错误的政治观点，企图影响年轻一代的思想。再如，有些"校园代理"以"兼职赚钱"为诱饵，推广含有抹黑我国政策、歪曲历史事实内容的国外社交软件，企图动摇大学生的政治立场与信念。另外，还有些打着"热心公益"旗号的"校外组织"，在招募大学生参与公益活动时，暗中诱导大学生对我国政治制度等进行不当评价，并要求他们传播这些不当言论……这些都时刻威胁着我国的政治安全。

请同学们结合发生在我们身边的或网上的与政治安全有关的案例，通过排演情景剧的方式，开展"政治安全在身边"专题活动，以更直观、更深刻地认识到政治安全的重要性，从而提高自身的防范意识，自觉维护国家政治安全。

活动步骤

（1）全班同学自由组合成若干小组，每组6～8人，并选出1名组长。

（2）各小组成员讨论并确定本小组情景剧的排演内容。之后，各小组成员搜集相关资料。

（3）各小组成员根据搜集到的资料，创作剧本。剧本应包括剧本名称、角色、场景、台词、所需道具等内容。在创作剧本时，应注意篇幅，将情景剧表演时间控制在5～8分钟。

（4）各小组成员准备所需道具和服装。

（5）各小组成员根据剧本进行排练，并视排练情况对剧本进行必要的调整。

（6）各小组成员进行最后的剧本审查，并确认演出场地、所需道具和服装等。

（7）各小组以饱满的精神状态进行演出。

（8）活动结束后，各小组成员根据实际情况填写"任务完成情况表"，如表5-1所示。

表 5-1　任务完成情况表

班级		组号		日期	
姓名		学号		指导教师	
剧本主题					
具体负责的事项					
遇到了哪些困难？是如何解决的？					
从活动中学到了什么？					
自己有哪些长处？这些长处对活动的推进有何作用？					
在活动中的表现有哪些不足之处？应如何改进？					
为自己在活动中的表现打分（满分 10 分）：____分					

活动拓展

　　情景剧排演活动已经结束，但关于国家政治安全的思考永远在路上。请同学们结合实际想一想，大学生在日常生活中应该如何维护国家政治安全？请将你的想法写在下方的横线上。

- -
- -
- -
- -
- -

活动评价

全班同学可参考表 5-2 对自己在活动中的表现进行评价，并请教师进行点评。

表 5-2　实践活动评价表

考核内容	评价标准	分值	得分
活动实施	积极参与小组讨论，并能够通过多种途径搜集资料	10	
	在剧本创作中，能够积极表达自己的观点，为剧本创作带来新的灵感	15	
	在表演时，台词清晰准确，语速适中，语调富有变化；肢体动作自然、协调，能生动传达角色情感和剧情信息	15	
活动成果	所创作的剧本情节设置合理，逻辑连贯，过渡自然	10	
	表演形式或场景布置等方面具有创意，能给观众带来新鲜感和惊喜	15	
	能够从实际出发，思考自己能为维护国家政治安全所做的贡献，所写的内容行文流畅，无错别字词	15	
综合素养	具有较强的沟通能力，能够与他人进行有效沟通	10	
	具有较强的问题解决能力，能够积极思考问题的解决方法	10	
合计		100	
教师评价			

第六章

坚持以经济安全为基础

案例引入 ——齐纨鲁缟

春秋时期，齐国丞相管仲深谙经商治国之道，曾巧妙地运用经济策略，有效削弱了邻国鲁国的国力。

当时，齐国和鲁国都盛产一种名贵的白色绢布。齐国的称为"齐纨"，鲁国的称为"鲁缟"。管仲首先策划了一场以消费为导向的变革。他令齐国上下改穿用鲁缟制成的服饰，并从鲁国进口鲁缟。这一策略迅速抬高了鲁缟的市场价格，促使鲁国大量民众放弃农业生产，转而投身到种桑养蚕中。不久，鲁国的农田大面积荒芜，粮食产量骤然减少。一年后，管仲突然改变了策略。齐国不仅停止了对鲁缟的进口，还大幅提高了粮价。这不仅导致鲁国之前囤积的鲁缟滞销，还导致鲁国面临严重的粮食短缺问题，不得不以高价从齐国购买粮食。经过这番折腾，鲁国的经济近乎崩溃，国力大幅衰退，最终被迫与齐国签订了不平等条约。

管仲通过控制市场需求与供给，在这场没有硝烟的战争中击溃了鲁国的经济，从而削弱了鲁国的国力。这充分体现了经济安全对于国家安全的重要性。在全球化的今天，各国之间的经济联系日益紧密。一些国家为了自身利益，频繁利用一些经济手段挑起贸易争端，给我国经济安全带来了极大的不确定性。这警示我们，必须重视经济领域安全风险，全方位、多层次地构建起坚固的经济安全防护网，确保国家经济在复杂多变的国际环境中稳健前行。

学习引航

知识目标

- 明确坚持以经济安全为基础的科学内涵。
- 深刻认识新时代经济安全面临的风险挑战。
- 熟悉新时代维护经济安全的途径和方法。

素质目标

◈ 深刻认识国家经济安全的重要性，增强维护国家经济安全的责任感和使命感。

◈ 培养识别经济领域安全风险的能力，提高风险防范意识。

 以明义

 要点击破

○ **请你思考：** 坚持以经济安全为基础的科学内涵是什么？

● **内容点拨：** （1）维护基本经济制度安全。

（2）维护经济主权安全。

（3）维护经济秩序安全。

（4）维护改革开放的经济发展道路安全。

（5）维护重点经济领域安全。

○ **请你思考：** 我国社会主义基本经济制度主要有哪些？

● **内容点拨：** 公有制为主体、多种所有制经济共同发展，按劳分配为主体、多种分配方式并存，社会主义市场经济体制，等等。

○ **请你思考：** 经济主权的表现是什么？

● **内容点拨：** 对内主要表现为国家有权自主制定经济发展方针政策、自主管理经济活动、自主控制重要资源和战略产业等；对外主要表现为平等参与制定国际经济秩序权及自由利用国际市场权等。

○ **请你思考：** 为什么说重点经济领域安全对于维护整个经济安全举足轻重？

● **内容点拨：** 重点经济领域对整个国民经济运行具有重要影响。

（1）金融是现代经济的核心。金融活，经济活；金融稳，经济稳。

如何保障粮食安全

（2）粮食安全是事关国运民生的战略问题。保障粮食安全是实现经济发展、社会稳定、国家安全的重要基础。

（3）产业链供应链是现代经济的重要形态，其韧性和安全水平反映一国经济抵抗风险的能力，对现代化经济体系运行具有重要影响。

○ **请你思考**：在新时代背景下，我国经济安全面临的风险挑战有哪些？

● **内容点拨**：(1) 维护基本经济制度安全面临的风险挑战。第一，否定我国基本经济制度的错误观点影响不容忽视；第二，公有制经济和非公有制经济共同发展与高质量发展的要求还有差距；第三，不断完善社会主义市场经济体制的任务还很艰巨。

(2) 维护经济主权安全面临的风险挑战。第一，在国际经济格局深刻演变中维护经济主权的风险挑战；第二，国际金融危机阴影持续存在对维护经济主权的风险挑战；第三，西方经济霸权主义和霸凌行径对维护经济主权的风险挑战。

(3) 维护经济秩序安全面临的风险挑战。市场经济秩序方面存在一些问题，如存在制售假冒伪劣商品等违法违规行为、非法侵占国家利益和牟取非法经济暴利的行为并未杜绝等。

(4) 维护经济发展道路安全面临的风险挑战。第一，从经济发展道路来看，风险主要来自对改革开放的否定、质疑；第二，从经济发展的当前阶段来看，进一步推动经济回升向好需要克服一些困难和挑战。

(5) 维护重点经济领域安全面临的风险挑战。第一，金融安全风险；第二，粮食安全风险；第三，产业链供应链安全风险。

○ **请你思考**：在新时代背景下，我国维护经济安全的途径和方法有哪些？

● **内容点拨**：(1) 坚持和完善社会主义基本经济制度。第一，毫不动摇巩固和发展公有制经济，毫不动摇鼓励、支持、引导非公有制经济发展；第二，坚持按劳分配为主体，多种分配方式并存；第三，加快完善社会主义市场经济体制。

(2) 在推进高水平对外开放中保证经济主权安全。第一，独立自主制定经济方针政策；第二，主动参与重要国际经济组织；第三，有效利用国际市场。

(3) 在保障经济有效运行中维护经济秩序安全。第一，健全和完善维护经济秩序安全的法律法规；第二，加大打击危害经济秩序安全行为的力度。

(4) 在推动高质量发展中维护经济发展道路安全。第一，毫不动摇坚持和推进社会主义改革开放；第二，贯彻新发展理念，构建新发展格局，推动高质量发展；第三，加快建设现代化产业体系；第四，创新和完善宏观调控。

(5) 着力防范化解重点经济领域安全风险。第一，维护金融安全；第二，维护粮食安全；第三，维护产业链供应链安全。

自测自评

一、不定项选择题

1. 实践充分表明，我国（　　）已经成为推进中国式现代化的生力军，是高质量发展的基础。

　　A．市场经济　　　　B．个体经济　　　　C．民营经济　　　　D．公有制经济

2. 国际金融危机的类型多种多样，下列选项中属于国际金融危机的有（　　）。

　　A．货币危机　　　　B．债务危机　　　　C．信用危机　　　　D．股市危机

3. 坚持（　　）不动摇，是有效维护我国经济安全的底线要求。

　　A．基本经济制度　　　　　　　　B．分配制度

　　C．四项基本原则　　　　　　　　D．改革开放

4. 加快建设现代化产业体系，要坚持把发展经济的着力点放在（　　）上。

　　A．农业　　　　B．服务业　　　　C．虚拟经济　　　　D．实体经济

5. 要想在推动高质量发展中维护经济发展道路安全，就需要（　　）。

　　A．毫不动摇坚持和推进社会主义改革开放

　　B．贯彻新发展理念，构建新发展格局，推动高质量发展

　　C．创新和完善宏观调控

　　D．独立自主制定经济方针政策

二、判断题

1. 粮食是现代经济的核心，保障粮食安全是实现经济发展的重要基础。（　　）

2. 经济方针政策是国家为有效管理经济运行、实现经济发展目标制定的指导原则和措施，其制定主体只能是代表一个国家的合法政府。（　　）

3. 中华人民共和国的社会主义经济制度的基础是生产资料的社会主义公有制，即全民所有制和劳动群众集体所有制。（　　）

三、简答题

1. 简述坚持以经济安全为基础的科学内涵。

2. 坚持改革开放对于维护经济发展道路安全具有哪些重要意义？

3. 在新时代背景下，我国维护经济安全的途径和方法有哪些？

>> 案例 ①

力拓间谍门事件

2003 年，中国钢铁业蓬勃发展。为满足对铁矿石的大量需求，中国钢铁企业与世界三大铁矿石巨头（必和必拓公司、力拓集团和淡水河谷公司）积极接洽。

而自从中国钢铁企业参与谈判以来，谈判就与"成功"无缘。每年的谈判结果一公布就会引来层层质疑。2004 年至 2007 年，铁矿石长协价（合同当事人双方签署的长期协议价格）水涨船高。中国钢铁企业在谈判中节节败退，不仅每次都以铁矿石供应商提出的价格成交，而且几乎每次谈判都是在国际市场上铁矿石价格攀升至最高点之际完成的。

问题出在哪里？

2009 年 7 月 9 日，上海市国家安全局对外证实，力拓集团驻上海办事处的 4 名员工因涉嫌窃取中国国家机密被拘捕。其中包括该办事处总经理、力拓集团铁矿石部门中国业务负责人胡士泰。

原来，从 2002 年开始，胡士泰等人就通过拉拢、收买我国钢铁企业内部人员窃取商业机密，包括企业详细采购计划、企业生产安排、原料库存的周转天数、进口矿的平均成本、吨钢单位毛利、生铁单位消耗等数据，以及大型钢厂每月的钢铁产量、销售情况等。其对我国钢铁业的"了解"使得我国即使作为全球最大的铁矿石购买国，在谈判中也没有任何的议价权。

6年下来，世界三大铁矿石巨头卖给中国的铁矿石价格增长了400%。仅2009年，中国20余家企业就多支出预付款10.18亿元，只下半年的利息损失就高达1 170.3万余元。

（资料来源：秦欣，《铁矿石谈判间谍战只是中国商业间谍战冰山一角》，

中国新闻网，2009年7月17日）

 评析：

经济安全是国家安全的基础，是国家安全体系和能力现代化的重要体现。确保国家经济安全，是维护国家经济利益和人民长远利益的重大任务，是推动高质量发展、建设现代化经济体系的必要保障。

在上述案例中，胡士泰等人通过拉拢、收买我国钢铁企业内部人员，刺探、窃取我国的商业机密，将我国钢铁企业的采购计划、生产安排等极为关键的信息透露给铁矿石供应商，使我国在与铁矿石供应商的谈判中完全失去了议价权，给我国带来了巨大的经济损失，严重危害了我国的经济安全。它警示我们，必须高度重视经济安全工作，不断完善相关制度和机制，加大对危害经济安全行为的打击力度。只有这样，才能构建起坚固的国家经济安全防线，确保国家经济发展不受侵害，促进经济持续稳定健康发展，进而为国家安全提供坚实的物质基础。

案例 ②

被制裁的古巴

美国对古巴实施的单方面制裁已超过60年。从燃料、食品、日用品到药品，美国对古巴的制裁几乎覆盖所有民生领域，这导致古巴长期面临严重的物资短缺，给古巴带来了巨大的经济损失和严重的人道主义灾难。

1959年，古巴革命胜利后，美国对古巴采取敌视政策。1961年，美古断绝外交关系。1962年，美国对古巴实施经济、金融封锁和贸易禁运，并持续至今。古巴经济学专家表示，美国政府谎称其对古巴的制裁仅针对政府，不针对民众。但实际上，美国的长期制裁对古巴的经济和民生都造成了严重的影响。

居住在古巴首都哈瓦那的尤斯梅尔·加西亚说，他在几年前辞去了汽车维修工作，转行做了出租车司机。"因为美国的制裁，我们的物资不足、货品不全，修理轮胎的材料需要进口。单是修理4个轮胎就需要600美元，绝大部分普通民众都承担不起。"

在古巴的多家超市里，货架上的商品种类非常单一，仅有少量蔬菜、肉类和单一品牌的洗护用品及饮料。71岁的当地居民米尔萨·埃尔南德斯表示，由于美国的制裁，古巴物资极其短缺，他们经常要跑好几个超市碰运气，才能买到必要的生活用品。埃尔南德斯还说，古巴政府出台了诸多吸引外资的政策，但是因为美国的制裁，一些国家的企业根本不

敢来古巴投资。

据古巴官方统计，按 2023 年的美元价格计算，自 1962 年以来，美国对古巴的制裁已导致古巴累计损失超过 1 500 亿美元。近年来，美国仍不断加紧对古巴的制裁。古巴外交部部长罗德里格斯表示，因美国的制裁，仅 2021 年 8 月至 2022 年 2 月间，古巴的经济损失就达到了 38 亿美元。古巴的许多物资都依赖进口，而美国的制裁直接限制了古巴政府向民众提供食品、药品、消费品，也阻碍了其工农业生产的扩大。古巴政府指出，美国对古巴长达 60 多年的制裁是造成古巴经济陷入困境的根本原因。

古巴曾经是世界上最大的原糖出口国，其原糖的最高年产量曾达 800 万吨。在美国的制裁下，古巴制糖业及出口创汇遭受了巨大的打击。统计数据显示，2021 至 2022 年度，古巴的糖产量为 47.4 万吨，仅实现了年度产量目标的 52%，创下了 1908 年以来最低产量记录。这一产量甚至无法满足古巴政府计划年度 50 万吨的国内消费量。2004 至 2020 年，古巴原糖的海外销量从 182.74 万吨减少到 58.13 万吨，收入减少了 37.8%。古巴制糖从业者呼吁美国政府解除封锁，使古巴农业生产得以在正常环境下发展。

2024 年 10 月，联合国大会以 187 票赞成的压倒性多数通过决议，再次敦促美国终止对古巴的经济、商业和金融封锁，这是联合国大会连续第三十二次通过类似决议。从 1992 年开始，联合国大会每年都会就古巴提出的要求美国解除封锁的决议进行表决，且相关决议一直获得国际社会的压倒性支持。这一系列行动不仅彰显了国际社会对古巴困境的深切同情，更传递出国际社会反对美国霸权主义的强烈呼声。

（资料来源：谢佳宁，《"美国长期制裁对古巴经济民生造成严重伤害"——美国滥施非法单边制裁制造人道主义灾难》，《人民日报》，2023 年 6 月 16 日）

评析：

经济安全犹如大厦之基石，关乎国家经济的稳定发展、人民的安居乐业，以及社会的长治久安。但在当今国际舞台上，少数西方国家仍奉行经济霸权主义和霸凌行径，严重威胁着他国的经济主权安全，美国对古巴的长期制裁便是典型例证。美国全然不顾国际法与国际关系基本准则，对古巴实施非法单边制裁，其目的就是要通过打击古巴经济，削弱其经济主权，进而实现对古巴的全方位控制。

美国对古巴的长期制裁不仅使古巴的经济陷入困境，还给古巴人民带来了深重的苦难。这也警示我们，必须高度重视西方经济霸权主义和霸凌行径给维护经济主权安全带来的风险挑战，始终把捍卫经济主权安全作为维护国家经济安全不可逾越的底线和红线，在维护国家经济主权上旗帜鲜明、立场坚定、态度一贯，坚决反对一些国家打压、控制他国经济主权和掠夺他国经济资源，在防范、抵御和化解国家经济安全面临的各种风险挑战中，不断维护经济主权安全。

>> 案例 ③

扎根黑土地，守好大粮仓

吉林省西部地区是我国重要的盐碱地后备开发区，是吉林省千亿斤粮食工程的重要实施区，但存在土壤盐碱障碍重、地力低下、作物产量低、农业生产低效等问题。为了破解这些难题，中国科学院于2021年启动"黑土粮仓"科技会战，集结了多家研究所和单位，共同组成了一支强大的科研力量，针对黑土地"变薄、变瘦、变硬"的问题展开攻关。

科研人员深入田间地头，应用脱碱3号、磷石膏、秸秆和风沙土等材料，研发土壤改良技术，筛选耐盐碱的作物品种。他们集成种植技术，建立了风沙盐碱区土地生态治理与高效利用模式，并成功在吉林省西部地区推广。此外，科研人员还利用天、空、地多源遥感技术，对盐碱地水文、土壤、植被等参数进行多维立体监测，为农业科技插上了高新技术的翅膀。

粮食安全是"国之大者"，而良种在提升粮食产量方面具有举足轻重的作用。在种业方面，科研人员同样取得了令人瞩目的成就。他们突破了大豆分子设计育种技术关键瓶颈，大幅提高了育种效率，实现了大豆品种个性化定制选育。选育的这些新品种不仅高产、优质、高脂、早熟，还具备耐盐碱等特性，这为国家的大豆扩种计划提供了坚实的品种支撑。

中国科学院东北地理与农业生态研究所所长姜明表示，他们将进一步面向国家需求，聚焦黑土地保护和利用的科技需求，切实履行国家战略科技力量主力军的职责使命，扛稳国家粮食安全责任，真正把中国人的饭碗牢牢端在自己手中。

（资料来源：黎佳易，《碱地"生金"：扎根黑土地 守好大粮仓》，中国科学院东北地理与农业生态研究所农业技术中心，2023年1月2日）

✎ 评析：

粮食安全是经济安全的重要方面，也是国家安全的重要基础。党的十八大以来，以习近平同志为核心的党中央坚持以"谷物基本自给，口粮绝对安全"的新粮食安全观为指导，坚定实施国家粮食安全战略，立足世情、国情、粮情的深刻变化，作出了藏粮于地、藏粮于技的重大决策。在吉林省西部地区盐碱地治理过程中，科研人员充分发挥科技的力量，通过研发土壤改良技术和突破育种技术关键瓶颈，成功提升了耕地质量，推动了我国种业的发展。这是有效落实藏粮于地、藏粮于技重大决策的生动实践。

仓廪实，天下安。党的十八大以来，我国粮食安全保障能力显著增强。但保障粮食安全是一个永恒的课题，任何时候这根弦都不能松。迈步新征程，必须不断打牢粮食安全的基础，持续提升粮食供给保障能力，把粮食安全的主动权牢牢掌握在自己手中。唯有如此，才能为国家安全的稳固大厦奠定坚实根基，从而为夺取全面建设社会主义现代化国家新胜利提供有力支撑。

破解热卖主播隐匿个人收入偷税的谜团

2023 年年初，国家税务总局驻沈阳特派员办事处通过分析大数据，发现某网络直播平台的带货主播田某存在偷税嫌疑。田某在该平台拥有 300 余万粉丝，直播带货的热度极高，其纳税情况却与其销量严重不匹配。这一发现引起了税务部门的关注。

为进一步核实情况，国家税务总局营口市税务局稽查局的检查人员对田某依法下达了《税务检查通知书》，并携带执法记录设备对其经营场所进行了实地调查取证。在检查过程中，检查人员发现，田某的库存管理系统极为混乱，缺乏完善的出入库制度。然而，面对检查人员的询问，田某却以"时间久远有些记不清""销售数据量较大不好弄，暂时提供不了资料信息"等理由推脱敷衍。检查人员现场要求田某登录其网络直播平台账户，导出其在 2020 年至 2022 年期间通过平台取得的销售收入、佣金收入、保证金支出等电子票据。打开统计数据后，检查人员不禁大吃一惊：田某在 3 年时间内的总销售额竟接近 3 亿元，但田某对此予以否认。

之后，检查人员依法调取了田某个人银行账户的交易流水和第三方平台的交易明细，并通过比对核查，确定田某将直播带货的收入转移到了自己的个人账户，从而达到隐匿收入、逃避纳税的违法目的。

面对大量证据，田某仍存在侥幸心理，声称自己没有取得如此高额的收入。为此，检查人员耐心对田某及其他相关人员开展政策宣讲，先后对田某进行了多次询问，并向他下达了税务事项告知书，还组织了听证会。在听证会上，田某为了证明其采购的商品有进货凭据，现场提供了进货小票。检查人员认真翻看其提供的证据资料后，发现进货小票存在连号、笔迹相同、没有购货单位签字等漏洞。于是，检查人员现场与田某进行了证据质证。

针对田某提出的"销售收入中有很大一部分是刷单收入，该部分并非真正的销售所得"及"由于缺少账簿和专职的财务人员，无法提供可信的财务资料数据证明"等辩解，检查组秉持实事求是的原则，从多个方面入手开展了证据核实工作。通过分析比对销售记录、第三方支付平台及银行卡流水、快递记录，核实物流交易信息，查看付款资金流，分析筛选严格背离正常价值的商品，以及核实刷单聊天记录等方式，检查组确认了真实的刷单金额，并将其从销售总额中予以扣除。

在确凿的证据面前，田某的态度逐渐发生了转变，开始积极配合税务机关调查取证，并最终承认了其隐匿业务收入、逃避纳税的违法事实。根据《中华人民共和国税收征收管理法》中的相关规定，国家税务总局营口市税务局稽查局依法将田某的行为定性为偷税，并对其作出了补缴税费款、加收滞纳金并处罚款共计 1 348 万元的处理处罚决定。

（资料来源：王观，《3 名网络主播偷税被罚，税务部门公布查办细节》，
国家税务总局，2024 年 11 月 18 日）

评析：

　　随着时代的发展和我国各项经济政策的持续推进，社会主义市场经济秩序不断优化，这为国民经济持续快速健康发展提供了有利条件。尽管我国市场经济秩序整体向好，但一些钻法律空子、破坏经济秩序的违法行为仍然不容忽视。作为网络主播，田某的收入主要来源于直播带货等经营活动，理应依法纳税。他却通过隐匿收入等违法手段逃避纳税，这严重破坏了税收公平原则，损害了国家经济利益与社会公共利益，威胁着国家经济安全。

　　面对破坏经济秩序安全的乱象，如偷税、漏税、走私、违反财经纪律等，我国出台了一系列法律法规。相关部门应严格按照国家相关法律法规的规定，加大对这些破坏经济秩序安全的犯罪和违法行为的打击，全力维护社会主义市场经济秩序的稳定与健康，为国民经济的持续繁荣保驾护航。

案例 5

揭开地下钱庄交易黑幕

　　2024 年 4 月，北京市公安局经济犯罪侦查总队通过深入调查，成功揭露了一起涉及非法买卖外汇的重大案件。

　　犯罪嫌疑人朴某某等人表面上经营旅行社业务，实则暗中通过境内外资金池从事非法买卖外汇活动。调查发现，朴某某的个人账户关联着数十个账户，这些账户之间的交易规模巨大，且资金往来也符合汇兑型地下钱庄（协助他人进行跨境汇款、跨境资金转移活动的非法金融组织）的特征。朴某某团伙的运作模式相对简单但隐蔽：有购汇需求的客户将人民币打入朴某某在国内的账户，朴某某则利用境外人员关系，在境外将外汇打入客户的海外账户。在这个过程中，朴某某从中赚取了千分之一的佣金。警方深入研判分析朴某某的上下游交易情况后，先后组织了两波收网行动，刑事拘留了 20 名犯罪嫌疑人。

　　随后，在公安部经济犯罪侦查局的协调下，多个省份的公安机关开展联合行动，共打掉了 11 个地下钱庄团伙，刑事拘留了 35 名犯罪嫌疑人。这些地下钱庄团伙活动频繁，涉及北京、江苏、浙江等地，某些团伙的交易额超过 10 亿元。

　　在我国，外汇兑换必须严格按照外汇管理相关规定办理。地下钱庄的猖獗活动不仅扰乱了外汇管理秩序，还助长了诸如侵犯公民个人信息、电信网络诈骗、网络赌博等上游犯罪行为的滋生和蔓延。此外，一些地下钱庄还招揽境内人员参与作案。部分在校学生和社会人员被境外地下钱庄提出的高额回报所引诱，开设银行账户帮助其转移资金。

　　近年来，全国公安机关按照公安部专项行动部署，不断加强对地下钱庄的打击力度，并取得了显著成效。同时，国家外汇管理局也密切协同公安机关等部门，严厉打击地下钱

庄等违法犯罪活动，有力惩戒非法买卖外汇行为，切实维护外汇市场良性秩序。

（资料来源：鲁畅、张馨予，《揭开地下钱庄交易黑幕》，
新华网，2024年4月30日）

 评析：

　　金融安全是经济安全的重要组成部分，是经济平稳健康发展的重要基础。在全面建设社会主义现代化国家的进程中，我国切实把维护金融安全作为治国理政的一件大事，严厉打击各类金融犯罪活动。在上述案例中，朴某某犯罪团伙利用旅行社名义，暗中从事非法外汇交易。这不仅破坏了外汇市场的正常秩序，还为电信网络诈骗、网络赌博等其他违法犯罪行为提供了滋生环境，严重危害了国家的金融安全。

　　针对此类犯罪案件，我国公安机关与国家外汇管理局等部门紧密协作，加大了对地下钱庄的打击力度，并取得了显著的成效。这一行动不仅彰显了我国在维护金融秩序、打击金融犯罪方面的坚定立场与强大执行力，更有效遏制了地下钱庄等非法金融活动的蔓延，有力维护了外汇市场的正常秩序和国家金融体系的稳定，促进了经济社会的健康发展。

看鉴历史

1997年亚洲金融危机

　　1997年7月初，亚洲金融危机在泰国爆发，随后以惊人的速度蔓延到菲律宾、印尼、马来西亚、新加坡等国家，并对韩国、日本、中国香港产生了一定的冲击。亚洲金融危机使亚洲一些国家和地区出现了货币贬值、股市暴跌、企业倒闭、失业率上升等经济衰退现象，甚至还使某些国家出现了社会动乱和政治危机。

1997年亚洲金融危机

此外，亚洲金融危机并未止步于亚洲地区，也波及了世界其他国家和地区，对全球近百个国家的金融市场造成了不同程度的冲击。

　　请扫描二维码"1997年亚洲金融危机"，了解更多关于此次金融危机的信息。然后，谈谈1997年亚洲金融危机带给你的启示，并结合当下复杂形势，谈谈我国在构建新发展格局时，坚持以经济安全为基础的重要性。

行 以修身

观影： 洞察国家经济安全

活动背景

经济安全是总体国家安全观的重要组成部分，其不仅关乎国家的繁荣稳定，更直接关系每个公民的切身利益。为了进一步加深对国家经济安全的理解，切实增强维护国家经济安全的责任感和使命感，请同学们举办一次以"洞察国家经济安全"为主题的观影活动。

同学们可以从推荐的相关纪录片中挑选一部进行观看，也可以自行选择一部纪录片进行观看。推荐的纪录片有《制高点：世界经济之战》《金砖之国》《大而不倒》《1929 年大崩盘》《大市·中国》《华尔街》等。

活动步骤

（1）班委成员确定所要观看的纪录片、观看的时间和地点，并将确定的结果告知全班同学。地点可以选择教室、学生活动中心或多媒体室。

（2）全班同学在指定时间到达指定地点观看纪录片。在观看前，班委成员简要介绍此次活动的目的，让全班同学明确参加该活动的意义。

（3）介绍完毕后，班委成员播放选定的纪录片，并确保观看时环境安静、舒适，以便全班同学能够专心观看。

（4）观看结束后，班委成员组织全班同学分享自己的感悟。分享时，同学们可以就从纪录片中了解到的知识，谈谈对国家经济安全的认识，分析金融危机的原因、后果和应对措施，谈谈国家经济安全对个人生活、职业发展的潜在影响，以及个人可采取哪些行动，为维护国家经济安全贡献力量等。

活动拓展

人民币跨境支付系统（以下简称"CIPS 系统"）是中国人民银行专门为跨境人民币支付业务开通的批发类支付系统。它致力于提供安全、高效、便捷和低成本的资金清算结算服务，是我国重要的金融市场基础设施。CIPS 系统的建成运行是我国金融市场基础设施建设的里程碑事件，标志着人民币国内支付和国际支付统筹兼顾的现代化支付体系建设取得

重要进展。请同学们查阅资料，了解 CIPS 系统的开发和利用对金融市场及国家经济有哪些重要影响，并谈一谈 CIPS 系统在维护国家经济安全方面发挥着哪些作用。

活动评价

全班同学可参考表 6-1 对自己在活动中的表现进行评价，并请教师进行点评。

表 6-1　实践活动评价表

考核内容	评价标准	分值	得分
活动实施	认真观看纪录片，同时记录自己的所思所想	15	
	能够积极搜集资料，并分享自己的看法	15	
活动成果	基于纪录片进行分享时，能够结合实际，发表独到见解	25	
	在讨论过程中，能够展现出自己对 CIPS 系统的认识和思考	25	
综合素养	具有创新思维，能够从不同的角度提出自己的看法	10	
	具有良好的语言表达能力及逻辑思维能力	10	
合计		100	
教师评价			

第七章

坚持以军事、科技、文化、社会安全为保障

案例引入 ——逐梦星辰大海，中国航展彰显中国力量

2024年11月12日，伴随着巨大的飞机轰鸣声，广东省珠海市上空再度迎来全球瞩目的"蓝天盛会"——第十五届中国国际航空航天博览会（以下简称"中国航展"）。在此次中国航展上，空军八一飞行表演队、"红鹰"飞行表演队炫舞蓝天，歼35A展示的"马赫环"惊艳四座，红旗19地空导弹、"虎鲸"号大型无人作战艇、"白帝"空天战机模型等尖端装备也纷纷亮相……

中国航展上的这些大国重器向世界展示了中国的军事实力和科技水平，更向国内外传递了一个明确的信号：中国有决心、有能力捍卫国家主权和安全，保障国家的和平发展。

学习引航

___知 识 目 标___

◈ 明确坚持以军事、科技、文化、社会安全为保障的科学内涵。

◈ 深刻认识新时代军事、科技、文化、社会安全面临的风险挑战。

◈ 熟悉新时代维护军事、科技、文化、社会安全的途径和方法。

___素 质 目 标___

◈ 学好科学文化知识，培养创新思维，提升综合实践能力，自觉为国家的安全与发展贡献自己的一份力量。

◈ 自觉加强思想道德修养，在社会生活中遵纪守法，敢于同违法犯罪行为作斗争。

○ **请你思考**：坚持以军事安全为保障的科学内涵是什么？

● **内容点拨**：（1）坚持党对人民军队的绝对领导，永葆人民军队性质、宗旨、本色。

（2）能战方能止战，全面提高新时代备战打仗能力。

（3）坚持走中国特色强军之路，奋力推进国防和军队现代化建设。

（4）坚持富国和强军相统一，构建一体化的国家战略体系和能力。

○ **请你思考**：在新时代背景下，我国军事安全面临的风险挑战有哪些？

● **内容点拨**：（1）台海局势面临新一轮紧张，维护国家主权、统一和领土完整的任务更加艰巨。

（2）国际战略格局深度演变，世界和周边地区局部战争和潜在战争风险不断。

（3）世界新军事革命深入发展，现代战争形态深刻变化带来新挑战。

○ **请你思考**：在新时代背景下，我国维护军事安全的途径和方法有哪些？

● **内容点拨**：（1）全面加强人民军队党的建设，确保枪杆子永远听党指挥。

（2）全面加强练兵备战，提高人民军队打赢能力。

（3）全面加强军事治理，巩固拓展国防和军队改革成果。

（4）巩固提高一体化国家战略体系和能力。

○ **请你思考**：坚持以科技安全为保障的科学内涵是什么？

● **内容点拨**：（1）实现高水平科技自立自强，即让创新成为全面建设社会主义现代化国家的第一动力，加快形成以创新为中心的发展新模式，加快发展新质生产力，不断提升我国发展的独立性、自主性和安全性。

（2）加强基础研究。主要体现为有组织推进战略导向的体系化基础研究、前沿导向的探索性基础研究、市场导向的应用性基础研究；创新加强基础科学研究的体制机制；优化基础学科建设布局，构建全面均衡发展的高质量学科体系。

(3) 建强科技人才队伍。主要体现为大力培养使用战略科学家，打造大批一流科技领军人才和创新团队，造就规模宏大的青年科技人才队伍，积极引进海外优秀人才，激发各类人才创新活力和潜力。

请你思考： 在新时代背景下，我国科技安全面临的风险挑战有哪些？

内容点拨： (1) 世界新一轮科技革命对我国未来生存发展带来挑战。面对新一轮科技革命背景下空前激烈的世界科技竞争，我国在工业母机、高端芯片、基础软硬件、开发平台、基本算法、基础元器件、基础材料等方面的科技短板仍然突出，抢占未来科技发展先机的原始创新能力仍然不足，对事关长远和战略全局的科技领域部署仍然不够，制约着高水平科技自立自强和高质量发展的实现。

(2) 外部打压遏制风险增加。主要体现为少数西方国家将科技问题政治化、武器化、意识形态化，特别是在高科技领域对我国大搞垄断打压、技术封锁，试图在关键核心技术方面实现对我国的"卡脖子"。

(3) 科技人才结构短板带来潜在风险。主要体现为重大科研项目、重大工程、重点学科等领域领军人才不足，人工智能、半导体行业、高端制造业技能人才缺口较大，基础学科拔尖创新人才和国家战略人才培养比较薄弱等问题给我国维护和塑造科技安全带来的潜在风险。

请你思考： 在新时代背景下，我国维护科技安全的途径和方法有哪些？

内容点拨： (1) 不断健全完整有效的国家科技体系。

(2) 确保国家重点领域核心技术安全可控。

(3) 以强大的人才优势维护和塑造强大的科技安全。

请你思考： 坚持以文化安全为保障的科学内涵是什么？

内容点拨： (1) 不断推进文化自信自强。

(2) 广泛践行社会主义核心价值观。

(3) 传承发展中华优秀传统文化。

(4) 繁荣发展新时代中国特色哲学社会科学。

在文化开放中
维护国家文化安全

请你思考： 在新时代背景下，我国文化安全面临的风险挑战有哪些？

内容点拨： (1) 宣传思想文化领域面临空前复杂的情况。第一，从国内看，错误思潮和观点仍不时出现，借口现实中存在的问题攻击党的领导和社会主义制度、否定中国特色社会主义道路的情况有之；极力歪曲、丑化、否定我们党、国家、军队和我国革命、建设、改革的伟大实践，大肆宣扬西方价值观的情况有之。第二，从国际上看，世界范围内意识形态斗争更加尖锐复

杂，各种敌对势力一刻也没有停止对我国进行意识形态渗透和攻击。第三，社会主义核心价值观面临其他价值观念的挑战。

（2）传承弘扬中华优秀传统文化面临挑战。主要体现为国内外一些别有用心的人歪曲历史，否定传统文化的历史作用和现实意义，在对待中国传统文化问题上存在妄自菲薄、故步自封、"去中国化"倾向，在社会上产生了消极影响；同时，脱离马克思主义立场观点方法，割裂马克思主义魂脉和中华优秀传统文化根脉的内在关系，也影响着人们对中华优秀传统文化的正确认识。

（3）坚持文艺发展的正确方向和构建中国特色哲学社会科学体系是一项艰巨任务。

请你思考： 在新时代背景下，我国维护文化安全的途径和方法有哪些？

内容点拨：（1）不断夯实马克思主义在宣传思想文化领域的指导地位。

（2）赓续中华优秀传统文化的精神根脉，本着科学的态度，坚持古为今用、洋为中用、辩证取舍、推陈出新，用马克思主义激活中华优秀传统文化中富有生命力的优秀因子并赋予新的时代内涵，推动构建中华民族现代文明和人类文明新形态。

（3）坚定文艺创作的正确方向和人民立场。

（4）加快构建中国特色哲学社会科学。

请你思考： 坚持以社会安全为保障的科学内涵是什么？

内容点拨：（1）完善社会治理体系是社会安全的基础性工作。

（2）防范化解社会治安风险是社会治理的重点任务。

（3）提高公共安全治理水平是社会安全的重要保障。

请你思考： 在新时代背景下，我国社会安全面临的风险挑战有哪些？

内容点拨：（1）社会治安领域突出问题影响公众安全感。

（2）维护各领域公共安全任务繁重。

（3）基层社会治理体系亟待完善。

请你思考： 在新时代背景下，我国维护社会安全的途径和方法有哪些？

内容点拨：（1）强化社会治安整体防控。一方面，要从人民群众反映最强烈的问题入手，全面排查各类安全隐患，防范重大突发事件发生。要强化社会治安整体防控，推进扫黑除恶常态化，依法严惩群众反映强烈的各类违法犯罪活动，发展壮大群防群治力量，营造见义勇为的社会氛围，建设人人有责、人人尽责、人人享有的社会治理共同体。另一方面，要完善党委领导和政府主导的维护群众权益机制、社会利益协调机制、预防和化解社会矛盾机

制、社会风险评估机制、突发事件监测预警机制，以健全完善的机制保障社会治安水平的不断提高。

（2）提高公共安全治理水平，在完善公共安全体系的基础上，着力推动公共安全治理模式从事后处置向事前预防转型，提高对公共安全风险的预判、防范、化解能力。

（3）坚持和发展新时代"枫桥经验"，发扬优良作风，适应时代要求，树立强基固本思想，坚持重心下移、力量下沉、资源下投，向基层放权赋能，构建网格化管理、精细化服务、信息化支撑、开放共享的基层管理服务平台，加强基层社会治理队伍建设，建立健全富有活力和效率的新型基层治理体系。

自测自评

一、不定项选择题

1. 人民军队的生命力在于（　　），要把（　　）作为主责主业。

　　A. 战斗力；备战打仗

　　B. 凝聚力；备战打仗

　　C. 战斗力；加强军事力量建设

　　D. 凝聚力；加强军事力量建设

2. （　　）是我国维护社会安全的基础性工作。

　　A. 防范化解社会治安风险

　　B. 完善社会治理体系

　　C. 提高公共安全治理水平

　　D. 创新社会治理方式

3. （　　）是我国在世界文化激荡中站稳脚跟的根基。

　　A. 社会主义核心价值观

　　B. 新时代中国特色哲学社会科学

　　C. 马克思主义文化理论

　　D. 博大精深的中华优秀传统文化

4. 下列选项中，属于维护科技安全的途径和方法的有（　　）。

　　A. 不断健全完整有效的国家科技体系

　　B. 巩固拓展国防和军队改革成果

  C．确保国家重点领域核心技术安全可控

  D．以强大的人才优势维护和塑造强大的科技安全

二、判断题

  1．坚持党对人民军队的绝对领导，永葆人民军队性质、宗旨、本色，是维护我国军事安全的根本所在。   （   ）

  2．应用研究是科技创新的总源头和所有技术问题的总机关。   （   ）

  3．文化自信是更基础、更广泛、更深厚的自信，是一个国家、一个民族发展中最基本、最深沉、最持久的力量。   （   ）

  4．基层是社会治理的最前沿，是"中国之治"的根基。   （   ）

三、简答题

  1．在新时代背景下，我国维护军事安全的途径和方法有哪些？

  2．简述坚持以科技安全为保障的科学内涵。

  3．在新时代背景下，我国文化安全面临的风险挑战有哪些？

  4．在新时代背景下，我国维护社会安全的途径和方法有哪些？

加强练兵备战，提高打赢能力

戍守边疆，陆军某边防连战士快速机动开展拉练；挺进深蓝，海军某驱逐舰朝着目标海域劈波斩浪；制胜空天，空军歼20战机编队雷霆出击，展开全域实战化演练；剑指苍穹，火箭军某旅开展复杂困难环境下的火力突击演练；密林深处，武警官兵在高温酷暑下过障碍、穿硝烟……长期以来，广大官兵始终把初心落在行动中，把使命落在战位上，在奋斗强军的征程上逐梦前行。

备战演练，游刃有余

清晨，伴随着阵阵战车轰鸣，第79集团军某旅"神枪手四连"正在开展一场对抗演练。在本次演练中，"神枪手四连"的最终任务是摧毁"敌方"指挥所。

"全连注意，冲击执行！"指挥员宋颖伦一声令下，"神枪手四连"的数辆坦克和步战车立即从山谷隐蔽处冲出，朝着任务地域发起进攻。然而，在进攻过程中，步战车突破至前沿阵地时，忽然被混合障碍拦住去路。

在此情形下，"神枪手四连"指挥员立即作出破障部署，步战车迅速冲击至指定位置破障，步兵载员也在烟幕弹掩护下急速前出，配合装甲扫雷车破障。与此同时，"神枪手四连"副连长张鑫带领的尖刀队成功渗透至"敌"后方，完成定位分析后迅速引导打击，炮轰"敌方"指挥所。至此，"神枪手四连"圆满完成本次演练任务。

今天的游刃有余，源自昨天的不懈探索。从职能任务到力量编成，从骨干配备到专业配比，从战备演练到实兵对抗……面对新问题，"神枪手四连"每天都"摸着石头过河"。他们在一次次演练中发现新问题，研究新招法，实现新突破。

联合作战，制胜未来

西太平洋某海域，碧波荡漾，由大连舰、广州舰、黄山舰等舰艇组成的远海联合训练编队正在开展一场实战化训练。

"战斗警报！"刺耳的警铃声响彻编队各舰。"发现多批次不明空中目标持续向我近飞，要求编队各舰立即做好防空抗击准备。"

在大连舰作战室指挥台位上，舰指挥员接收到来自编队指挥员的指令和预警探测系统

不断更新推送的目标信息后，立即结合战场态势变化，与编队各舰共同组成对空防御阵型，做好抗击准备。在大连舰另一端的副炮系统战位上，副炮指挥仪兵张铭与战友们根据舰指挥所推送的现场态势，紧盯显控屏幕，迅速锁定目标。得到指令后，张鸣立即按下开火按钮。随着一架架拖着浓烟的靶机慢慢掉落大海，此次实战化训练取得圆满成功。

劈波斩浪，逐梦深蓝，大连舰在新质战斗力生成和全面融入联合作战体系的道路上不断加速，在远海大洋上划出一道道闪光航迹。

在新时代新征程上，广大人民军队始终牢记嘱托，坚持贯彻实战要求，全面加强练兵备战，加快提升打赢能力，为维护我国军事安全做出了不可磨灭的贡献。

（资料来源：李龙伊、金正波等，《加强练兵备战 提高打赢能力》，
《人民日报》，2024年8月1日）

 评析：

> 　　强国必须强军，军强才能国安。新时代以来，中国军队坚持以习近平强军思想为指导，全面贯彻新时代军事战略方针，紧密围绕"全面加强练兵备战，提高人民军队打赢能力"这一现实要求，积极推进实战化军事训练，不断提升作战本领，展现出了高昂的战斗意志与过硬的协同作战能力，为推动我国国防和军队现代化建设、维护我国国家安全做出了重要贡献。
>
> 　　当前，尽管和平与发展仍然是时代潮流，但世界并不安宁，战争危险离我国并不遥远。在复杂多变的国际形势下，中国军队必须持续加强练兵备战，不断提高打赢能力，以在关键时刻捍卫国家主权、安全与发展利益，确保我国在国际舞台上拥有稳固的军事安全保障，为实现中华民族伟大复兴的中国梦提供坚实支撑。

▶▶案例 ②

青年先锋深海寻油，科技人才"挂帅出征"

自2021年，中国海洋石油集团有限公司（以下简称"中国海油"）团委率先在中海油田服务股份有限公司（以下简称"中海油服"）开展"青创工作室"试点，至2024年，已有22个青创工作室（也称"青年科研攻关突击队"）相继成立。这些青创工作室中的青年们，活跃在海上油气田增产稳产、物探勘察、钻井服务、油田技术服务等不同领域，成为新时代深海寻油的主力军。

让想干事、能干事的年轻人"挂帅出征"

在茫茫大海深处寻找油气资源，首先需要弄清海底的地层构造。目前，最直接的方法是进行地震勘探，即利用海洋地震勘探装备给海底拍"CT"。此前，该项技术长期被国外垄断，是我国海洋石油领域典型的"卡脖子"技术。

作为青年科研攻关突击队的核心骨干，张昊楠在专家导师阮福明的指导下，主动与研发团队一起，开始海洋地震勘探成套化装备系统研发及产业化制造的技术攻关。在攻关过程中，张昊楠和同事们为了研发出既能控制船尾拖曳的电缆、空气枪等数百个设备，又能实时动态计算海量数据的综合导航系统，查阅了大量文献资料，无数次推倒并重建模型。但很长一段时间内，他们都没有找到技术突破口。

后来，他们从北斗卫星导航系统的误差处理模型中获得灵感，创新提出"一种基于曲线拟合的拖缆定位模型"。这支年轻的团队经过 500 多个日夜的鏖战，完成了 3.8 万行的核心算法代码编写，经历百余次推演、5 次海试，终于研发出国内首套三维拖缆综合导航系统，突破了国外的技术垄断，把装备制造技术牢牢抓在了自己手里。

青创工作室推行"揭榜挂帅"机制，不论资历、不设门槛，就是要让初出茅庐但有真才实学的青年科技人员有用武之地，让想干事、能干事、干成事的青年科技人才有"挂帅聚将出征"的机会。

激发科技创新活力

我国近海油气藏勘探难度大，面向深水深层油气资源勘探开发的需求越来越多，迫切需要一支技术水平高、研究能力强的创新人才队伍支撑。

张昊楠青创工作室为一群有创新热情和能力的年轻人提供了施展才华的舞台。这群"各怀绝技"的年轻人围绕拖缆采集、海底电缆、海底节点 3 个系列装备，分别成立攻关小组，持续进行技术创新，大幅加快了自主装备产业化及国产化替代的进程。

主动承担起"海经（我国自主研制的海洋拖缆地震勘探采集装备）"采集系统软件开发任务时，陈星宇只有 29 岁。当时团队接到现场作业需求，要求在一个月内开发"海经"系统连续采集功能。以往，这类开发项目至少需要几个月的时间，而陈星宇利用自身专业特长，用短短一个月的时间就完成了初步开发工作。之后，他又跟随船队奔赴现场，快速解决了软件在实际操作中出现的问题。

船队作业 24 小时连轴转，系统也 24 小时不间断。无论白天黑夜，只要出现问题，陈星宇都会第一时间赶到现场并快速解决问题。连续作业 60 多天后，国产"海经"系统成功完成了原本只有国外设备才能实现的连续采集作业，大幅提高了国产系统的作业效率和作业质量。

年轻人的创意变成发展的不竭动力

渤海油田稠油储量占比超过 50%，热采是稠油开发最有效的方法，但对于海上油田，只有多轮次蒸汽吞吐才能实现经济有效开发，这就需要将防砂系统的耐温指标由 150℃提升至 350℃。

耐高温、耐高压，还要经历多轮次冷热交变，这种热采防砂技术一直是行业难题。徐凤祥所在的青创工作室啃下了这块"硬骨头"，通过技术攻关掌握了耐温等级高、冷热交

变性能优、使用寿命长的热采长效防砂关键技术，填补了国内的技术空白。经天津市科学技术评价中心鉴定，该技术已达到了国际领先水平。

徐凤祥作为技术领头人，不仅突破了多项"行业级"和"卡脖子"技术难题，还作为成果转化"先行官"，实现了裸眼砾石充填防砂工具规模化应用，实实在在为企业创收超过1亿元。其所在团队也因此获得了多项荣誉和奖金激励。

如今，中海油服已经构建起"学科建设基础研究—重点科研项目—群众性创新创效"的科研人才培养架构。青年员工主动挑担子、想点子、探路子，攻坚和化解现场技术难题成为一股清风，推动每个人前行。

（资料来源：胡春艳，《青年先锋深海寻油 科技人才"挂帅出征"》，
《中国青年报》，2024年6月7日）

 评析：

　　中海油服开展"青创工作室"试点的成功实践，充分展现了以强大人才优势维护和塑造国家科技安全的重要意义，为我国维护科技安全、经济安全和其他领域的安全提供了宝贵的经验和启示。当前，在推动新质生产力形成的进程中，青年科技人才扮演着十分重要的角色。要想实现高水平科技自立自强，我国必须培养一大批具备创新精神的青年科技人才，引导他们加强理论与实践的融合贯通，让他们在担当中历练、在尽责中成长，激励他们以"创新之姿"奔赴"科技强国"之路。与此同时，作为国家未来科技发展的主力军，大学生应怀揣高度的责任感和使命感，从自身做起，在知识积累、创新实践、安全防范和宣传教育等多方面积极行动，为维护我国科技安全贡献青春力量。

▶▶ 案例 ③

让古老民间艺术"青春"起来

中华优秀传统文化是我国最深厚的文化软实力，也是中国特色社会主义植根的文化沃土。如今，越来越多的青年人才加入了文化传承的队伍，为实现中华文化的创造性转化和创新性发展贡献着青春力量。甘肃省非物质文化遗产项目——邵家班子杖头木偶戏市级代表性传承人徐宁，便是这些文化传承青年人才中的一员。

青春做伴好追梦

徐宁自幼受家庭熏陶，对电子琴、二胡、小号等乐器具有浓厚的兴趣。2011年，徐宁考取了四川师范大学音乐学院。在大一迎新晚会上，徐宁第一次看到川剧绝活——变脸时，便被川剧独特的表演艺术深深吸引。此后，专修器乐表演的徐宁萌生了一个大胆的想法——拜师学习川剧表演艺术。

迎新晚会后的第一个周末，徐宁坐了两个多小时的公交车，辗转来到成都市川剧研究院拜师学艺。大学四年时间，当同学们都在享受周末时光时，徐宁却一直辗转于学校和成都市川剧研究院之间，以一种近乎痴迷的状态苦学变脸艺术。

木偶变脸喜相逢

大学毕业后，徐宁回到家乡，入职甘州区文化馆。彼时，杖头木偶戏传承"断档"、时停时演、受众面狭窄，面临着不受年轻人欢迎的窘境，一度处于濒危的状态。杖头木偶戏的窘境深深刺痛了徐宁，他决心为杖头木偶戏谋一条新的出路。

"何不将川剧艺术与杖头木偶戏相结合？"器乐表演出身的徐宁，在大学期间就掌握了变脸、喷火等川剧绝活儿，跟随老师登台演出并收获了观众的良好反响，这增强了他创新杖头木偶戏的信心。徐宁心想，"倘若融入现代生活元素，创造别具特色的杖头木偶戏，说不定就是传承非遗的新方式。"

敢想敢做。他翻阅书籍资料、求助川剧老师、请教本地民俗专家与传统艺人，将川剧变脸艺术与杖头木偶戏表演有机结合，特别是将川剧中的喷火、变脸等技艺植入杖头木偶戏表演中，使杖头木偶戏取得了非常好的演出效果和传承效果，开创了甘州区传统技艺与创新融合发展的先河。

无限风光在险峰

自 2019 年以来，徐宁先后参加了甘肃省市区举办的各类非遗戏剧、曲艺表演培训班；参加了由国家文化和旅游部、教育部、人力资源和社会保障部三部门联合举办，陕西师范大学承办的"非遗传承人群高级研修班"；参加了众多节目的录制，并多次获得"最佳表演奖""最佳风采奖""优秀演员"等荣誉。

2020 年 8 月，由徐宁设计的《裕固族舞蹈木偶》获得国家实用新型外观专利保护知识产权。2021 年，他被评选为张掖市甘州区管拔尖人才，并在同年当选政协张掖市甘州区第十二届委员会委员。

此外，徐宁还将掌握的变脸、木偶表演艺术、长嘴壶茶艺等非遗项目学深、学透、学精，把舞台搬到群众中，通过互动表演，让更多的人了解和认识了非遗文化的魅力。同时，他以甘州区深厚的民间文化、丝路文化、西游文化、红色文化等为基础，融合变脸、喷火等技艺，借非遗文化展示甘州区独特的文化内涵和丰富的文化旅游资源，助力文化旅游融合发展……

虽然是一名"90 后"，但徐宁已经把艺术视为自己毕生的追求。他坚信，传统的民间艺术一定能在新时代的百花园里争奇斗艳、生生不息。

（资料来源：盟轩，《让古老民间艺术"青春"起来》，

《团结报》，2022 年 7 月 26 日）

 评析：

在5 000多年文明发展中孕育的中华优秀传统文化，积淀着中华民族最深层的精神追求。赓续中华优秀传统文化的精神根脉对维护我国文化安全至关重要。案例中，徐宁大胆创新，将川剧变脸等技艺融入非物质文化遗产项目——邵家班子杖头木偶戏中。这丰富了中华优秀传统文化的内涵与表现形式，彰显了中华优秀传统文化的强大生命力与适应性，提升了中华优秀传统文化的影响力，增强了广大人民群众对中华优秀传统文化的自信心。身为新时代的新青年，每一位青年学生都应该以徐宁为榜样，用实际行动为维护我国文化安全贡献青春力量，让中华优秀传统文化在新时代依然熠熠生辉。

▶▶案例 ④

破解成功避险背后的密码

2024年6月，受梅雨天气影响，我国湖北省多地连续遭遇多轮强降雨，当地防汛防灾工作面临诸多考验。在防范应对过程中，湖北省各地全力以赴进行灾害风险隐患巡查排查和应急处置工作，有效避免了人员伤亡和财产损失，有力保障了广大人民群众的生命安全和公共安全。其中，有4个典型案例值得学习。

地灾巡查与避险转移

2024年6月22日，湖北省黄石市大冶市金湖街道办事处龙角山村的风险隐患信息员石国良，在带队巡查中，发现该村龙角山永全矿业公司厂房后有强降雨冲刷下来的砂石堆积体，且不时有少量石子滚落。

凭借多年工作经验，石国良敏锐地觉察到这可能会引发险情。于是，他立即上报，并立即找到龙角山永全矿业公司负责人，要求该公司配合其进行风险隐患的先期处置。他们迅速将周围群众撤离到了安全地带，并安排相关人员在关键点位值守，防止外部人员和车辆靠近。

金湖街道办事处和相关部门接报后，立即组织技术专家和救援队伍奔赴现场勘察会商。他们发现，厂房上方的龙角山崩塌治理工程坡面部分浮土石屑受雨水冲刷影响可能下滑垮塌。如果雨水长时间冲刷治理工程坡面，浮土石屑顺流而下，就可能形成山洪或滑坡。

湖北省黄石市大冶市应急管理局、自然资源和规划局会同当地政府立即组织矿方及周边矿区75名工作人员迅速转移，并对山体下方的石应浩湾13名群众进行了转移安置。

2024年6月23日5时30分左右，由持续降雨引发的山洪冲毁了永全矿业公司的2间厂房及厂区围墙。因人员提前转移及时，未造成人员伤亡。

迅速转移与加固护堤

2024 年 6 月 22 日，湖北省黄石市气象局连续发布暴雨橙色、暴雨红色预警，黄石市大冶市金牛镇在 6 小时内累计降水量超过 150 毫米，境内高桥河、金牛河水位持续升高。当日 17 时，金牛镇鄂王城村书记胡群钢带领防汛应急分队排查灾害风险隐患时，发现下李阁湾河段河水已漫过河堤，河堤已部分受损且随时有溃堤的风险。他立即上报，并组织现场人员沿河堤缺口进行临时处置，同时在周边拉起警戒线。

金牛镇镇党委书记吴飞接报后立刻带队赶往现场，研判后决定对鄂王城村、高河村、林畈村等周边 7 个村组的涉灾人员进行转移。

胡群钢和村里的同志一起，迅速对涉及该村的 28 户群众进行劝说，并帮助他们转移至安全地段。当晚，全镇共转移 240 余人。同时，金牛镇政府迅速协调市、镇、村三级应急救援队伍及周边干部、群众 150 余人，争分夺秒地抢修、抬高、加固漫水河堤。经过 5 个多小时的奋战，河岸护堤修复加固完成。

及时勘察与处理危树

2024 年 6 月 18 日 16 时许，湖北省黄石市大冶市东风路街道观山社区书记冯志勇带领防汛应急分队巡查时，发现冯家湾小区一棵樟树受雨水冲刷影响，根部已经腐烂，树体已严重倾斜，有倾倒风险。该树位于两户民房中间，一旦倾倒可能危及周边民房和经常在此纳凉的群众。

冯志勇立即上报，东风路街道办事处和应急部门接报后，立刻组织人员到现场勘查，并启动应急预案。冯志勇组织人员在樟树周边拉起了警戒线，防止人员经过，并动员樟树周边的两户居民撤离，通知专业人员砍树消除隐患。

6 个多小时后，砍树和现场清理工作完成，无人员伤亡。

设隔离带与值守提醒

2024 年 6 月 20 日至 22 日，湖北省黄冈市英山县普降暴雨。21 日 5 时 55 分，英山县杨柳湾镇朱家坳村的风险隐患信息员项建龙和其他相关人员，在该村一座大桥上巡查时，发现西边桥墩被洪水洗空，桥面已经出现裂缝，桥面靠水库边有 3～4 米悬空，存在崩塌风险，他们立即上报。

朱家坳村两委第一时间组织人员处置险情。抢险人员在桥梁一侧用树根、红绳等醒目物品设置隔离带，并安排 2 位村民在桥边值守，告知来往车辆绕行，提醒过往群众注意安全，保障了附近 150 余人的出行安全。

（资料来源：黄钰琳，《成功避险！这 4 个典型案例值得学习！》，

《中国应急管理报》，2024 年 7 月 1 日）

 评析：

　　我国是世界上自然灾害风险最为严重的国家之一，随着全球气候变化的日益严峻，我国的自然灾害风险明显加大，防灾减灾任务繁重。在这一背景下，加强我国应对自然灾害类安全问题的处置保障能力建设显得尤为重要。

　　湖北省的 4 个典型案例展示了我国在灾害风险管理和应急响应方面的进步，体现了我国地方政府和社区在灾害预警、风险评估、人员疏散和应急处置等方面的有效行动，彰显了我国在维护公共安全和社会安全方面的坚定决心和实际成效。在未来，我国仍必须树牢安全第一、预防为主的理念，着力推动公共安全治理模式从事后处置向事前预防转型，不断提高对公共安全风险的预判、防范、化解能力。

看鉴历史

飘零罍王归故土，盛世国宝续华章

　　1919 年，湖南省桃源县出土了一件雄浑庄重、雕刻精美的青铜方罍，据其铭文称为"皿方罍"。出土后，由于多种原因，皿方罍的盖与身分离，器盖一直保留在国内，器身则流落海外，辗转于数国古董商人之手。

皿方罍的前世今生

　　历经近一个世纪的漂泊，2014 年，在我国社会各界及各有关部门的通力合作之下，皿方罍的器身终于以洽购的方式回归祖国，入藏湖南省博物馆。皿方罍的回归，不仅圆了湖湘乃至中国文博界、收藏界、艺术界的"大梦"，还充分体现了中华文化的自强不息。

　　扫描二维码"皿方罍的前世今生"，感受中华文脉的深厚底蕴和中华儿女对中华优秀传统文化的价值认同。然后，谈谈传承发展中华优秀传统文化对于维护我国文化安全的重大意义。

 军事、科技、文化、社会安全之我见

活动背景

在全球化、信息化的时代背景下，我国国家安全的内涵和外延不断扩展，军事安全、科技安全、文化安全和社会安全成为保障我国国家安全系统性能发挥和释放的重要引擎。面对新的安全形势，大学生必须正确认识我国在维护这些领域安全方面所面临的新任务，增强自身在维护这些领域安全方面的意识、能力和本领。基于此，请同学们开展一场以"军事、科技、文化、社会安全之我见"为主题的演讲比赛活动。

活动步骤

1. 赛前准备

（1）全班同学在班级中选出 1 名主持人、1 名计分员和 1 名计时员。

主持人、计分员和计时员负责以下比赛准备工作：① 邀请若干位教师担任评委；② 确定比赛时间和场地；③ 准备各奖项的奖品；④ 准备提示牌、评分表（见表 7-1）、笔、计时器等物品。

表 7-1 评分表

评价项目	评价标准	分值
演讲内容	选材得当，能够结合自身专业阐述演讲主题	15
	逻辑缜密，条理清晰，观点明确	15
语言表达	普通话标准，吐字清晰，节奏感强	10
	表达流畅、自然，能准确、恰当地表情达意	10
	脱稿演讲	10
仪表形象	仪态自然得体、不矫揉造作，举止从容端庄，表情动作适宜	15
演讲时长	演讲时长约为 5 分钟，少于 4 分钟或多于 6 分钟的，每不足或超过 30 秒扣 2 分（不足 30 秒按 30 秒计），直至扣完 10 分为止	10
综合素养	评委根据参赛者的临场表现进行打分	15

（2）全班同学自由组合成若干小组，每组 2～3 人（主持人、计分员和计时员也要参与分组）。各小组合理分工，围绕"军事、科技、文化、社会安全之我见"这一主题，自

选一个角度，提前搜集资料、撰写演讲稿，并在赛前进行练习。每组根据练习情况推选1名代表参赛。

2. 比赛阶段

（1）主持人宣读比赛规则：① 参赛者通过现场抽签的方式决定演讲顺序；② 评分采取百分制，评委现场打分和点评后，由计分员现场统计比赛分数，即除去评委评分中的最高分和最低分，取剩余评分的平均值作为每位参赛者的最终得分，并公布分数；③ 比赛设一等奖1名、二等奖2名，三等奖3名；④ 每名参赛者的演讲时长约为5分钟。

（2）计分员将评分表分发给各位评委。在评委查看评分表的同时，主持人引导参赛者进行抽签。

（3）参赛者按照抽签顺序轮流上台演讲。同时，计时员需要监控演讲时间。

（4）评委依据评分表对参赛者进行打分和点评。然后，计分员记录每位参赛者的分数。

3. 统计成绩与颁奖

（1）计分员统计各参赛者的分数，并根据得分情况确定各奖项的获得者。

（2）主持人宣布比赛结果，包括各奖项的获得者和他们的得分情况。

（3）举行颁奖仪式，对获奖选手进行表彰并颁发奖品。

活动拓展

新时代，我国不断加强国家安全保障能力建设，及时发现并化解了众多风险挑战。然而，当前影响国家安全的因素日益增多，各类风险挑战内外联动、累积叠加，使得我国在维护国家安全方面仍面临诸多问题和挑战。请思考：你从所学专业毕业后，能够为维护国家军事、科技、文化、社会安全提供哪些支持？你应该如何利用大学时光，才能为解决国家安全问题贡献自己的力量。思考后，请将你的想法写在下方的横线上。

活动评价

全班同学可参考表 7-2 对自己在活动中的表现进行评价，并请教师进行点评。

表 7-2　实践活动评价表

考核内容	评价标准	分值	得分
活动实施	能够通过多种途径搜集相关资料，积极参与演讲稿的撰写工作	20	
	努力学习演讲技巧，并通过反复练习提高演讲能力	20	
活动成果	所撰写的演讲稿结构清晰、完整，内容全面，观点鲜明，语句通顺，贴合主题	20	
	能够全面、深入地思考问题，所提出的想法具有现实意义和可行性	10	
综合素养	能够增强维护国家军事、科技、文化、社会安全的责任感	15	
	具备创新精神、良好的语言表达能力和临场应变能力	15	
合计		100	
教师评价			

第八章

坚持以促进国际安全为依托

案例引入 ——中国外交的"惊世之举"

2023 年 3 月 10 日，一则来自北京的重磅消息震惊了世界：在中国的斡旋下，沙特阿拉伯王国和伊朗伊斯兰共和国达成了《北京协议》。中、沙、伊三方签署并发表联合声明，宣布沙、伊双方同意恢复外交关系。长期断交的两个中东大国在中国的斡旋下握手言和，可谓中国外交的"惊世之举"。这是三国共同努力的结果，也是中国倡导的全球安全倡议在中东地区的成功实践，彰显了中国在维护国际安全、促进国际社会共同发展方面的坚定决心。

学习引航

知识目标

- 明确坚持以促进国际安全为依托的科学内涵。
- 深刻认识新时代国际安全面临的风险挑战。
- 熟悉新时代维护国际安全的途径和方法。

素质目标

- 培养全球性思维和合作共赢意识。
- 增强中国特色社会主义道路自信、理论自信、制度自信、文化自信。

要点击破

○ **请你思考**：坚持以促进国际安全为依托的科学内涵是什么？

● **内容点拨**：(1) 倡导新的全球安全观和地区安全观，即"共同、综合、合作、可持续"的安全观。

(2) 维护国际社会的共同安全，即让所有国家都平等地共同享有安全权益而不受他国的侵害。

(3) 推动构建新型国际关系，即强调相互尊重、公平正义、合作共赢的新型国际关系。

○ **请你思考**：如何理解新型国际关系强调的"相互尊重、公平正义、合作共赢"？

● **内容点拨**：(1) 相互尊重，即坚持国家不分大小、强弱、贫富一律平等，尊重各国人民自主选择发展道路的权利。

(2) 公平正义，即摒弃丛林法则，反对干涉别国内政，推动国际秩序朝着更加公正合理的方向发展。

林占熺：送给世界一株"幸福草"

(3) 合作共赢，即各国要同心协力，妥善应对各种问题和挑战，以合作取代对抗，以共赢取代独占，共护和平，共促发展，实现最大范围的互利共赢。

○ **请你思考**：在新时代背景下，我国国际安全面临的风险挑战有哪些？

● **内容点拨**：(1) 国际战略格局深刻演变带来的风险挑战，即国际形势的加剧变化和国际力量的分化组合，促使各国尤其是主要国家纷纷调整国家安全战略，对国际安全产生了重大影响。

(2) 个别西方国家逆全球化行为危害日益严重，主要体现为个别西方国家存在保护主义明显抬头，内病外治、转嫁矛盾等现象，扰乱了全球产业链供应链安全稳定，阻碍世界经济沿着普惠包容的方向健康发展，导致各国利益和人类利益受到损害。

(3) 新一轮科技革命和产业变革正在重塑全球创新版图，为世界各国带来了合作与竞争的难题。

请你思考： 如何评价个别西方国家奉行的"长臂管辖"？

内容点拨： (1)"长臂管辖"的实质是个别西方国家攫取地缘政治和经济利益、维护霸权的工具，严重侵犯别国主权、干涉别国内政、损害别国正当利益，严重侵蚀以联合国为核心的多边主义国际秩序，遭到国际社会普遍批评。

(2)奉行"长臂管辖"的国家，把自己的意志和标准强加于人，用自己的"家规"取代普遍接受的国际法则，加剧了国家间紧张关系，冲击了国际秩序，破坏了各类国际治理机制的宗旨和功能，损害了别国企业利益，对国家主权、国际法、联合国、多边主义、国家间关系及国际安全体制等有百害而无一利。

请你思考： 在新时代背景下，我国维护国际安全的途径和方法有哪些？

内容点拨： (1)构建普遍安全的人类命运共同体。第一，推动建设持久和平、普遍安全、共同繁荣、开放包容、清洁美丽的世界；第二，推动高质量共建"一带一路"，夯实共同构建普遍安全的人类命运共同体的重要实践基础。

(2)建立健全国际和地区安全机制。第一，维护联合国权威和地位，共同践行真正的多边主义；第二，倡导普惠包容的经济全球化；第三，共建开放的区域主义，共建安宁家园。

(3)高举合作、创新、法治、共赢的旗帜，完善全球安全治理体系。

请你思考： "践行真正的多边主义"的实践要求是什么？

内容点拨： 致力于稳定国际秩序，维护以联合国为核心的国际体系、以国际法为基础的国际秩序、以联合国宪章宗旨和原则为基础的国际关系准则，反对单边主义、保护主义、霸权主义、强权政治，推动国际关系民主化和法治化。

请你思考： 在新时代背景下，世界各国应如何完善全球安全治理体系？

内容点拨： (1)要坚持合作共建，实现持久安全。各国都有平等参与国际和地区安全事务的权利，也都有维护国际和地区安全的责任。大国应发挥好自己的作用，同时倡导健全反制裁、反干涉、反"长臂管辖"机制，优化全球安全治理力量布局，支持和鼓励其他国家特别是广大发展中国家广泛平等参与全球安全治理，共同发挥作用。

(2)要坚持改革创新，实现共同治理。各国政府和政府间组织要承担安全治理的主体责任，同时要鼓励非政府间国际组织、跨国公司、民间社会积极参与，形成安全治理合力。运用先进的理念、科学的态度、专业的方法、精细的标准提升全球安全治理效能。

(3)要坚持法治精神，实现公平正义。国与国之间开展执法安全合作，既要遵守两国各自的法律规定，又要确保国际法平等统一适用，不能搞双重标准，更不能合则用、不合则弃。要坚持和维护联合国宪章及国际法准则，不断完善相关国际规则，确保国际秩序公正合理、人类社会公平正义。

（4）要坚持互利共赢，实现平衡普惠。要树立正确义利观，大国要在安全和发展上给予不发达国家和地区更大支持，在推动实现包容性发展的基础上不断提高全球安全治理能力。

自测自评

一、不定项选择题

1. 全球安全倡议以"六个坚持"为核心要义，其中包括坚持（　　）的安全观。

　A. 相互尊重、公平正义、合作共赢

　B. 平等、开放、合作

　C. 共同、综合、合作、可持续

　D. 和平、发展、公平、正义、民主、自由

2. 中国坚持在和平共处五项原则基础上同各国发展友好合作，推动构建以（　　）为核心的新型国际关系。

　A. 公平正义　　　　　　　　　B. 合作共赢

　C. 共同繁荣　　　　　　　　　D. 普遍安全

3. 下列选项中，（　　）是世界各国在促进国际安全时应该避免的行为。

　A. 推动对话与合作

　B. 单方面使用武力

　C. 推动文明交流互鉴

　D. 建立信任措施

4. 构建人类命运共同体要以（　　）为实现路径。

　A. 推动共商共建共享的全球治理

　B. 践行全人类共同价值

　C. 推动构建新型国际关系

　D. 高质量共建"一带一路"

5. 下列选项中，属于建立健全国际和地区安全机制的实践要求的有（　　）。

　A. 维护联合国权威和地位，共同践行真正的多边主义

　B. 倡导普惠包容的经济全球化

　C. 共建开放的区域主义，共建安宁家园

　D. 倡导新的全球安全观和地区安全观

二、判断题

1. 经济全球化是生产力发展的客观要求、科技进步的必然结果，也是人类社会前进的必由之路，更是不可逆转的时代潮流。　　　　　　　　　　（　）

2. 推动高质量共建"一带一路"，要把基础设施"硬联通"作为重要支撑，把规则标准"软联通"作为重要方向。　　　　　　　　　　　　　　　　　（　）

3. 共同繁荣是经济全球化的本质要求。　　　　　　　　　　　　（　）

4. 每个国家都是国际社会的平等成员，在面对全球性问题时，国家无论大小、强弱都应该树立全球意识、担当全球责任、推动全球治理。　　　　　　（　）

三、简答题

1. 简述坚持以促进国际安全为依托的科学内涵。

2. 在新时代背景下，我国国际安全面临的风险挑战有哪些？

3. 在新时代背景下，我国维护国际安全的途径和方法有哪些？

>> 案例 ①

以线织网，驶向美好未来

在轰鸣的汽笛声中，一列列满载着各色货物的列车日夜驰骋在亚欧大陆上。它们蜿蜒前行，串联起一个个国家和地区，也传承着一份份坚守和梦想。

一张网

2011 年，随着中欧班列首列国际列车的探索开行，一条壮阔的"线"就此画出。一个个数据，印证着中欧班列的发展成效：2016 年至 2023 年，中欧班列年开行量由 1 702 列增加到超 1.7 万列，增长近 10 倍；开行万列所需时间由开行之初的 90 个月缩短为如今的 6 个月……

"共赢"是这条"线"不变的主题。随着中欧班列的开行，越来越多的中国商品走进欧洲市场。在效率高、线路广和全天候的优势下，中欧班列搭建起了一条联通中国与欧洲的"桥梁"。

如今，在铁路部门的努力下，中欧班列境外通道网络格局日趋完善，不仅连通了中国与欧洲国家，还通过海铁联运、中老铁路等连通了许多东亚和东南亚国家。单一的"线"逐渐编织成了辐射四面八方的"网"。

从一条"线"延伸至一张"网"，展示了互利共赢的中国"加速度"。

一根接力棒

2011 年 3 月 19 日，经过层层选拔和考核，江彤从 70 多名司机中脱颖而出，驾驶着我国首趟中欧班列"渝新欧"从重庆市沙坪坝区团结村站出发。这趟满载中国货物的中欧班列经达州、安康、兰州、乌鲁木齐，从阿拉山口出境，驶向德国杜伊斯堡。

2024 年 11 月 15 日，时隔 13 年，江彤的徒弟李峰在熟练地完成一系列发车前的准备工作后，驾驶着第 10 万列中欧班列——X8083 次中欧班列，从重庆市沙坪坝区团结村站站台缓缓驶出。X8083 次中欧班列的终点也是德国杜伊斯堡。

时光流转，车轮滚滚，中欧班列的接力棒在一代又一代铁路人手中传递，见证了他们对这条开放之路的坚守与奉献。

一个梦想

越来越多的个人和企业靠着中欧班列实现了属于自己的梦想。

在西班牙从事小商品贸易的徐设飞，便是中欧班列开行的受益者之一。徐设飞在西班牙的小商品批发城内有自己的门店。中欧班列的开行，为徐设飞提供了全新的物流方式。每年，他都有大批量货物"穿行"在西班牙和中国之间的铁轨上。通过中欧班列，徐设飞的货物从中国出发到他位于西班牙的仓库只需要21天。然后，这些原本装满中国货物的货柜在到达西班牙后，将装满欧洲的商品，通过这条"线"又返回中国，完成一场跨越两万多千米的"双向奔赴"。

依托中欧班列，我国沿线地区的企业得到了实打实的好处。例如，从济南市、青岛市等地开出的中欧班列，为山东重工集团等诸多重点企业开展对外贸易提供了重要支撑。

合作共赢，休戚与共。中欧班列将继续点亮更多梦想，驶向美好未来。

（资料来源：赵文涵，《中欧班列｜以线织网，驶向美好未来》，

新华网，2024年11月18日）

评析：

> 自2011年至今，在一代又一代铁路人的坚守与奉献下，中欧班列凭借其在时效、价格、运能、安全性等方面的比较优势，逐渐赢得了亚欧地区广大客户的认可，成为连接亚欧大陆的重要物流通道。它为越来越多的沿线国家创造了新的发展机遇，助力无数个人和企业实现了属于自己的梦想。
>
> 作为共建"一带一路"倡议的旗舰项目和明星品牌，中欧班列有力印证了共建"一带一路"倡议的强大生命力和感召力，彰显了中国在积极推动区域合作、推动构建人类命运共同体、促进国际社会共同繁荣方面的坚定决心。未来，以中欧班列等为载体的共建"一带一路"倡议必将不断点亮更多梦想，在推动构建人类命运共同体的进程中发挥更强大的力量。

案例 ②

守护全球安全，中国在行动

在全球化的浪潮中，世界各国同舟共济。每当灾难的阴霾笼罩大地时，中国就如同一座明亮的灯塔，秉持着人道主义的光辉信念，为困境中的人们带去希望的光。

西非埃博拉病毒蔓延后的中国援助行动

2014年3月，埃博拉病毒从西非几内亚开始散发。同年8月8日，世界卫生组织宣布此次疫情为"国际公共卫生紧急事件"，国际社会纷纷向西非国家提供紧急援助。

灾害发生后，中国政府迅速行动，在 2014 年先后实施四轮援助，向受灾国提供总价值约 7.5 亿元人民币的紧急物资援助、现汇援助，累计派出 1 200 余名公共卫生和医疗救治人员，并在援建实验室、推动医疗技术创新等方面为疫区国家提供力所能及的帮助，助力受灾国应对危机。2015 年 11 月，中国政府开启了第五轮援助，主要关注灾后重建和公共卫生体系建设。

中国此次紧急人道主义援助行动为遏制疫病传播和推动当地能力建设做出了巨大贡献，得到包括塞拉利昂、利比里亚等受援国政府及国际组织、非洲民众的积极评价。

强热带气旋"伊代"袭击非洲后的中国救援行动

2019 年 3 月，强热带气旋"伊代"席卷非洲东南部地区，暴风、强降雨引发了严重的洪涝、山体滑坡等灾害，导致莫桑比克、津巴布韦、马拉维三国遭受严重的人员伤亡和财产损失。

灾害发生后，中国救援队携带共约 20 吨的救援装备和后勤保障物资，赴莫桑比克开展了为期 12 天的救援行动，共治疗 3 337 人，为当地灾民发放急需药品 2 900 份、饮用水 2 320 升、食品 7 800 份。

中国救援队在此次国际救援行动中的突出表现，受到了国际社会的高度认可和肯定。

阿富汗地震后的中国援助行动

2022 年 6 月 22 日，阿富汗东南部发生强烈地震，造成重大人员伤亡和财产损失。地震当天，中国国家国际发展合作署即发布消息，表示中国愿意根据阿富汗灾民需要提供紧急救灾援助。

6 月 23 日，阿富汗方提出地震救灾物资需求清单。6 月 24 日，中国政府决定向阿富汗紧急提供价值 5 000 万元人民币的帐篷、折叠床、毛毯、线毯等救灾物资。6 月 26 日，中国政府完成相关救灾物资准备工作，共备货约 453 吨，并于 6 月 27 日至 7 月 10 日将全部物资空运至喀布尔。

6 月 27 日，中国红十字会总会提出向阿富汗红新月会捐赠一批家庭包、帐篷、衣物等紧急人道主义救灾物资。经中国国家国际发展合作署紧急协调，中国红十字会总会捐赠的约 16 吨援阿物资于 6 月 30 日运至喀布尔。

中国积极援助阿富汗的大国担当和急人所急的友邻风范得到多家海外媒体报道和高度评价。

（资料来源：中国国家国际发展合作署，《国际发展合作的中国实践（第 1 期）》，
2023 年 4 月）

 评析:

　　多年以来,当一国或一地区遭遇严重的自然灾害或人道主义灾难时,中国始终秉持着国际人道主义的深切情怀、负责任大国的自觉担当和构建人类命运共同体的美好愿景,积极向受灾国或受灾地区伸出援手。具体行动包括:及时提供物资和现汇援助;派遣专业的救援队和医疗队前往灾区;应受灾国或受灾地区的要求为其提供多样化的援助,以帮助其恢复正常生活和生计;等等。中国的国际援助行动,体现了中国的国际主义精神,彰显了中国作为全球安全倡议倡导者和实践者的领导力,为全球安全与发展贡献了中国力量。

▶▶案例 ③

爱你,就把你印在货币上

　　货币是国家的名片,货币上的图案往往会展现一个国家的历史文化特色和社会发展成就。然而,在非洲地区,不少国家的货币上都印有含中国元素的图案。这不禁让人思考,为何非洲货币上会有中国元素?

马达加斯加共和国货币上印有中国杂交水稻

　　2022年,马达加斯加共和国驻华大使让·路易·罗班松向我国湖南省长沙市隆平水稻博物馆赠送了一份特别的礼物——一套马达加斯加共和国发行的纸币。之所以特别,是因为在面值20 000阿里亚里(马达加斯加共和国的货币单位)的纸币上,印有一幅中国杂交水稻的图案。

　　中国的杂交水稻为何会出现在非洲东部国家的纸币上呢?这背后有一个动人的故事。

　　马达加斯加共和国是一个农业国家,水稻是该国的主要农作物,其种植面积占该国农业用地的一半以上。但由于受到种子质量、种植技术、基础设施等多种因素的限制,该国的稻米产量始终无法满足国内需求,仍需依赖进口。

　　为帮助马达加斯加共和国实现粮食自给自足,从2007年开始,袁隆平院士和他带领的团队扎根当地,克服了重重困难,成功培育出多种适合当地土壤和气候的高产杂交水稻品种,并向当地农民传授了杂交水稻的高产栽培技术。我国湖南省农业科学院专家胡月舫说,依靠中国新技术培育的杂交水稻品种,平均产量是非洲当地品种的2到3倍。

　　经过10多年的推广,截至2022年12月,中国杂交水稻在马达加斯加共和国的累计种植面积达7.5万公顷,平均每公顷产量约7.5吨,极大地改善了该国的粮食短缺状况,帮助该国向粮食自给自足的目标迈进了一大步。

　　马达加斯加共和国农业部原秘书长表示,种植杂交水稻已成为包括马达加斯加共和国在内的非洲国家摆脱贫困、走向粮食自给自足的重要途径。为感谢袁隆平院士等中国的水稻专家,该国在其面额最大的20 000阿里亚里纸币上,印上了中国杂交水稻的图案。

阿尔及利亚民主人民共和国货币上印有中国造卫星

在阿尔及利亚民主人民共和国（以下简称"阿尔及利亚"）新发行的 500 第纳尔（阿尔及利亚的货币单位）纸币上，出现了一颗由中国研制和发射的卫星的图案。

阿尔及利亚经济学家法里斯·马斯杜尔说，货币反映了一个国家在特定历史阶段所取得的重要成就。阿尔及利亚有专门监督货币设计、制造和发行的部门，在货币上呈现什么图案是经过该国各级部门的层层讨论和批准的。

那么，为何中国造卫星能代表阿尔及利亚在特定阶段所取得的重要成就呢？中国造卫星的图案又为何会被阿尔及利亚印在其货币上呢？

实际上，印在该国货币上的这颗中国造卫星，被称为阿尔及利亚一号通信卫星（以下简称"阿星一号"）。该卫星由中国航天科技集团公司下属的中国空间技术研究院抓总研制，于 2017 年 12 月由中国长征三号乙运载火箭从西昌卫星发射中心成功发射。其后，在 2018 年 4 月，中国与阿尔及利亚举行了该卫星的在轨交付仪式。此后，由中国研制和发射的"阿星一号"，成为阿尔及利亚拥有的第一颗通信卫星。

作为非洲面积最大的国家，阿尔及利亚 80% 以上的土地被撒哈拉沙漠占据，这颗通信卫星覆盖了阿尔及利亚全境，可以为偏远地区的民众提供通信服务。截至 2024 年 8 月，该卫星已逐步服务于阿尔及利亚的广播电视、宽带接入、移动通信、应急通信等多个领域。

"一般来说，中小面额的 500 第纳尔纸币在阿尔及利亚使用较多，也更接近当地百姓。货币上的中国造卫星图案，一是反映了阿尔及利亚在科技领域取得的重要发展，二是体现出中阿两国合作已达到重要的战略水平。"法里斯·马斯杜尔说。

其他非洲国家货币上的"中国制造"

马拉维共和国的货币单位是克瓦查。在面值 200 克瓦查的纸币上，印着马拉维共和国首都利隆圭的地标性建筑——马拉维议会大厦的图案。该大厦由中国援建，是中马建交五大项目之一。它的建成，不仅改善了马拉维共和国的政治基础设施，还显著提升了其政府的办公效率。

几内亚共和国的货币单位是几内亚法郎。在面值 20 000 几内亚法郎的纸币上，印着几内亚共和国的标志性工程——凯乐塔水电站的图案。该水电站由中国援建，其建成极大缓解了几内亚共和国首都科纳克里及周边地区电力供应的压力，为当地民众带去了实实在在的好处。为表达对中方的谢意，几内亚共和国中央银行将凯乐塔水电站图案印在了该国面值最大的 20 000 几内亚法郎上。

除此之外，还有众多非洲国家也将中国承建的重大工程项目的图案印在了自己国家的货币上。这些货币展示着不同国家的文化风情，也见证着中非合作的丰硕成果。它们是中国制造的亮丽名片，更是中非友谊的坚实见证。

（资料来源：彭立军、凌馨等，《爱你，就把你印在钞票上！非洲货币上的中非合作成果》，新华网，2024 年 9 月 1 日）

 评析：

> 非洲多个国家的货币上印有中国元素这一事实，体现了中国与众多非洲国家长期以来的友好合作关系，展示了中国在推动非洲国家农业、科技、基础设施等方面发展的积极作用，也彰显了中国坚持普惠包容、关注发展中国家特殊需求、推动全人类共同发展的担当与作为。同时，众多非洲国家把中国元素印在其货币上这一举动，也代表着非洲国家对中国的认可与肯定。这也将激励中国继续在国际合作中发挥积极作用，为推动广大发展中国家实现高质量发展、推动世界各国共同繁荣贡献更多的中国方案和中国力量。

 看鉴历史

历史上的"丝绸之路"

公元前140多年的中国汉代，一支从长安出发的和平使团，开始打通东方通往西方的道路，完成了"凿空之旅"，这就是著名的张骞出使西域。中国唐宋元时期，陆上和海上丝绸之路同步发展，中国、意大利、摩洛哥的旅行家杜环、马可·波罗、伊本·白图泰都在陆上和海上丝绸之路留下了历史印记。15世纪初的明代，中国著名航海家郑和七次远洋航海，留下千古佳话。

历史上的"丝绸之路"文化交流

这些开拓事业之所以名垂青史，是因为使用的不是战马和长矛，而是驼队和善意；依靠的不是坚船和利炮，而是宝船和友谊。一代又一代"丝路人"架起了东西方合作的纽带、和平的桥梁。

扫描二维码"历史上的'丝绸之路'文化交流"，深入了解这些开拓事业，感受以和平合作、开放包容、互学互鉴、互利共赢为核心的丝路精神。然后，思考古代丝绸之路与现代丝绸之路的异同，并谈谈古代丝绸之路对当代国际交流与合作的启示与价值。

行 以修身

故事分享会： 讲好中国特色大国外交故事

活动背景

身处世界百年未有之大变局，面对变乱交织的国际形势，中国特色大国外交勇毅笃行，一个个团结合作的高光时刻，为促进亚太和世界繁荣发展、推动构建人类命运共同体注入强大信心和力量。

新时代的大学生肩负着传承和弘扬中国特色大国外交精神的责任和使命，必须积极学习、深入理解中国特色大国外交的理念和实践，自觉为"讲好中国特色大国外交故事，传播好中国声音"贡献青春力量。

活动步骤

（1）全班同学自由组合成若干小组，每组 5 人（人数可根据实际情况灵活调整），并选出 1 名组长。

（2）各小组成员通过网络搜索等途径，搜集中国特色大国外交故事。然后从搜集到的故事中挑选一个最感兴趣的，尝试用自己的语言生动地讲述出来，并将讲述时间控制在 10 分钟左右。

（3）各小组在组长的带领下开展组内故事评比。每位小组成员轮流讲述自己准备的故事。讲述完毕后，组内成员通过讨论，选定本小组在中国特色大国外交故事分享会上将要分享的故事。然后，以语言表达的流畅性和生动性为标准，选定一名在中国特色大国外交故事分享会上讲述故事的发言人。

（4）各小组成员相互合作，对选定的故事进行细节优化，并制作配套的 PPT。

（5）全班同学以小组为单位参加中国特色大国外交故事分享会，并邀请所有任课教师担任评委。各小组派出选定的发言人，由其结合 PPT 讲述本小组选定的中国特色大国外交故事。

（6）所有小组分享完毕后，由任课教师分别选出一个故事讲述最精彩感人的小组和一个 PPT 制作得最佳的小组。

（7）活动结束后，全班同学每人撰写一篇关于参与中国特色大国外交故事分享会的心得体会。

活动拓展

　　共建"一带一路"倡议是中国为破解全球发展难题贡献的重要方案，在中国特色大国外交史上留下了浓墨重彩的一笔。自"一带一路"倡议提出以来，中国与"一带一路"沿线国家的贸易合作取得了丰硕的成果。越来越多的国际产品丰富中国市场的同时，也有越来越多的中国本土产品受到国际友人的认可和喜爱。

　　请思考：假如让你向"一带一路"沿线国家推荐我国的"本土好物"，你会推荐什么？推荐理由是什么？思考后，请将你会推荐的好物及你的推荐理由写在下方的横线上。然后，围绕你所推荐的好物，制作一个"好物推荐"创意视频。最后，由全班同学共同投票选出一名"'一带一路'好物最佳推荐官"。

活动评价

全班同学可参考表 8-1 对自己在活动中的表现进行评价，并请教师进行点评。

表 8-1 实践活动评价表

考核内容	评价标准	分值	得分
活动实施	积极参与中国特色大国外交故事的搜集，深入了解所选的中国特色大国外交故事	10	
	在组内故事评比环节表现突出，能够全身心投入故事的讲述中，能够结合自己的理解，将故事讲述得精彩、动人	20	
	与团队其他成员团结协作，在中国特色大国外交故事分享会上的表现获得其他小组的好评	20	
活动成果	所制作的 PPT 结构合理，内容贴合主题，清晰美观	10	
	所选好物能够展现中国特色	5	
	所撰写的好物推荐理由具有说服力，能够体现出好物的特点	5	
	所制作的"好物推荐"视频画面清晰，播放流畅，贴合主题，富有创意	10	
综合素养	坚定文化认同和文化自信，争做讲好中国故事的新时代青年	10	
	具备合作共赢意识，积极支持我国和其他国家的交流与合作	10	
合计		100	
教师评价			

第九章

筑牢其他各领域国家安全屏障

案例引入 ——中国空军驱离外国军机，国家安全不容侵犯

2022年5月26日，一架外国军机公然冲闯我国领海线。面对这一紧急情况，我国空军航空兵某旅派遣歼16双机紧急升空，执行驱离任务。领命执行此次任务的张占方，在面对外国军机近乎垂直90度的低空冲闯时，毫不畏惧。他驾驶战机迅速占据有利位置，通过逐渐压坡度和缩小间隔的方式向外国军机施加压力，迫使其远离我国领海线。然而，外国军机在盘旋一圈后再次逼近我国领海线。面对这一挑衅行为，塔台立即启动双语喊话程序，严正警告外国军机："你已接近中国领空，请立即离开，否则后果自负！"与此同时，张占方也驾驶战机进一步逼近外国军机，并发射红外弹以示警告。最终，外国军机被成功驱离。

此次事件充分展现了中国空军在面对外国军机挑衅时的英勇与果断，也彰显了我国捍卫国家领土主权的坚定决心和强大实力。随着时代的发展和实践的深入，国家安全领域也在不断扩展，且各个领域都可能面临复杂多变的风险与挑战。这要求我国高度重视危害国家安全的各种行为，实现各领域安全统筹治理、共同巩固，从而构建新安全格局。

学习引航

知识目标

❀ 明确国土安全、生态安全、资源安全、国家网络安全及核安全的科学内涵。

❀ 深刻认识新时代国土安全、生态安全、资源安全、国家网络安全及核安全面临的风险挑战。

❀ 熟悉新时代维护国土安全、生态安全、资源安全、国家网络安全及核安全的途径和方法。

 **素质目标**

❀ 大力弘扬以爱国主义为核心的民族精神，自觉维护国家领土及主权完整。

❀ 增强生态文明意识，提高环境保护的思想自觉和行为自觉。

❀ 从日常生活中的小事做起，培养节约资源的良好习惯。

❀ 增强网络安全意识，提升信息识别、处理和应用的能力。

❀ 树立核安全意识，积极参与并推动核安全文化建设。

 以明义

 要点击破

○ **请你思考**：国土安全的科学内涵是什么？

● **内容点拨**：（1）领陆安全。一国的领陆包括国家主权管辖下的陆地及其底土。

（2）领水安全。领水是指国家主权管辖下的全部水域及其底土，包含内水和领海两大部分。

（3）领空安全。领空是指主权国家领陆和领水向上的全部空气空间，是一个国家领土不可分割的组成部分。

○ **请你思考**：在新时代背景下，我国国土安全面临的风险挑战有哪些？

● **内容点拨**：（1）领土主权和海洋权益仍面临严峻的威胁挑战。

（2）反分裂斗争形势依然严峻。

（3）涉国土安全的国际舆论影响力亟需提升。

○ **请你思考**：在新时代背景下，我国维护国土安全的途径和方法有哪些？

● **内容点拨**：（1）提升国家综合实力和国际地位。

（2）坚持强边固防、兴边富民。

（3）坚持陆海统筹，建设海洋强国。

（4）完善国土安全法律法规和教育体系。

○ **请你思考**：生态安全的科学内涵是什么？

● **内容点拨**：（1）生态空间安全，主要指根据生态保护红线保障和维护国家生态安全。

（2）生态系统安全，指生态系统及复合生态系统功能稳定发挥、不受威胁。

（3）人居环境安全，主要指人类赖以生存的水、大气、土壤等环境健康、

风险可控，包括水生态安全、土壤生态安全、大气环境安全、海洋环境安全等。

（4）全球化生态环境应对安全，指在应对全球气候变暖、跨境生态环境治理问题等全球化生态挑战中应对有方、不受掣肘。

○ **请你思考**：在新时代背景下，我国生态安全面临的风险挑战有哪些？

● **内容点拨**：（1）自然生态安全边界受到挤压。

（2）环境污染形势仍然突出。

（3）生态系统效能仍然偏低。

（4）气候变化不利影响仍在加剧。

○ **请你思考**：在新时代背景下，我国维护生态安全的途径和方法有哪些？

● **内容点拨**：（1）加大环境污染综合治理。

（2）加快推进生态保护修复。

（3）提高生态环境治理体系和治理能力现代化水平。

（4）加快气候安全保障体系建设。

○ **请你思考**：资源安全的科学内涵是什么？

● **内容点拨**：（1）可再生资源安全，主要由水资源安全、土地资源安全、生物资源安全及新能源安全等构成。

（2）不可再生资源安全，是指一个国家或地区产业链供应链保持稳定畅通，可以持续、稳定、及时、足量和经济地获取所需不可再生资源的状态。

○ **请你思考**：在新时代背景下，我国资源安全面临的风险挑战有哪些？

● **内容点拨**：（1）资源供需矛盾形势仍然严峻。

（2）资源对外依存度较高。

（3）资源过度开发，利用水平不高。

○ **请你思考**：在新时代背景下，我国维护资源安全的途径和方法有哪些？

● **内容点拨**：（1）推进能源革命，确保能源安全。

（2）推进各类资源节约集约利用。

（3）利用好国内国际两个市场两种资源。

○ **请你思考**：国家网络安全的科学内涵是什么？

● **内容点拨**：（1）网络安全。网络安全要保证网络系统的硬件、软件及其承载的应用、服务和在网络上传输信息的安全，包括网络运行安全和网络信息安全。

小密码，大安全

（2）人工智能安全。人工智能安全就是要确保人工智能系统的安全性、可靠性和可控性，具有技术和社会双重属性。

（3）数据安全。数据安全要保证数据的机密性、完整性和可用性。

○ **请你思考**：在新时代背景下，我国国家网络安全面临的风险挑战有哪些？

● **内容点拨**：（1）网络与人工智能核心技术仍然较为薄弱。

（2）网络意识形态斗争空前激烈。

（3）网络攻防成为国家博弈新方式。

（4）网络违法犯罪活动危害严重。

（5）人工智能快速发展带来一系列社会性问题。

○ **请你思考**：在新时代背景下，我国维护国家网络安全的途径和方法有哪些？

● **内容点拨**：（1）不断深化对网络强国建设的规律性认识。要深入学习贯彻习近平关于网络强国的重要思想，着力维护网络安全，切实筑牢国家网络安全屏障。

（2）加大网络与人工智能核心技术研发力度。深刻认识到人工智能的全球发展趋势，树立战略意识、安全意识，实现人工智能技术自立自强，做大做强人工智能产业。

（3）强化网络安全保障体系和能力建设。要加强顶层设计、建立健全网络安全应急预案、加快构建关键信息基础设施安全保障体系。

（4）健全网络综合治理体系，推动形成良好网络生态。通过坚持系统性谋划、综合性治理、体系化推进，基本建成涵盖领导管理、正能量传播、内容管控、社会协同、网络法治、技术治网等各个方面的网络综合治理体系，并不断深化完善，提升网络综合治理能力。

（5）建立健全保障人工智能健康发展的法律法规、制度体系和伦理规范。

（6）构建网络安全教育技术产业融合发展良性生态。加强网络安全教育技术产业的统筹规划和整体布局，创新网络安全教育、技术、产业发展模式。

（7）加强网络空间、人工智能领域的国际合作。

○ **请你思考**：核安全的科学内涵是什么？

● **内容点拨**：（1）保障核设施安全。核设施安全主要是指反应堆、核动力厂及装置、核燃料循环设施及放射性废物处理、贮存、处置设施等的安全。

（2）确保核材料及放射性废物安全。核材料含有大量放射性物质，核材料及相关放射性废物的所有处理、运输、贮存、处置等行政和技术活动均须依法在国家管控下进行。

（3）防止核扩散，主要是指限制核武器或其他核爆炸装置及控制权的扩展和传播。

○ **请你思考**：在新时代背景下，我国核安全面临的风险挑战有哪些？

● **内容点拨**：（1）核事故风险威胁仍然存在，主要包括核反应堆安全风险、核废料处理不当风险，以及核技术在农业、医疗等领域应用不当等风险。

(2) 核扩散形势严峻。紧张的地缘政治形势给国际核不扩散体系带来了巨大压力，全球核扩散形势异常严峻复杂。

(3) 核技术、核材料扩散流失风险和核恐怖主义威胁。

请你思考： 在新时代背景下，我国维护核安全的途径和方法有哪些？

内容点拨： (1) 坚持正确核安全观，打造全球核安全命运共同体。

(2) 强化国家责任，构筑严密持久防线。

(3) 强化国际合作，推动协调并进势头。

请你思考： 生物、太空、深海和极地安全是国家安全新的重要疆域，它们的具体内涵是什么？

内容点拨： (1) 生物安全主要是指国家有效防范和应对危险生物因子及相关因素威胁，生物技术能够稳定健康发展，人民生命健康和生态系统相对处于没有危险和不受威胁的状态，生物领域具备维护国家安全和持续发展的能力，主要包括防控重大新发突发传染病和动植物疫情、生物技术研发应用、病原体微生物实验室生物安全、人类遗传资源和生物资源安全、防范外来物种入侵与保护生物多样性、应对微生物耐药、防范生物恐怖袭击与防御生物武器威胁、加强生物安全能力建设等方面。

(2) 太空安全主要是指国家的太空资产、太空权益和轨道环境免遭自然环境与人类活动所形成的威胁或侵害的状态，以及保障、维护和塑造持续安全状态的能力，主要包括太空资源的合理开发和利用、太空科学考察与技术研究等。

(3) 深海安全主要是指维护国家和平探索和利用国际海底区域，增强安全进出、科学考察、开发利用深海的能力，主要包括深海资源的合理开发和利用、深海区域科学考察与技术研究等。

(4) 极地安全主要是指维护国家和平探索和利用极地，增强安全进出、科学考察、开发利用极地的能力，主要包括极地资源的合理开发和利用、极地区域航道的探索与治理、极地区域科学考察与技术研究等。

请你思考： 为什么要确保生物、太空、深海和极地等新型领域的安全？

内容点拨： 生物、太空、深海和极地领域具有丰富的资源、广阔的空间，蕴藏着巨大价值。这些重点领域涉及现实与潜在的重大国家利益，是未来国际竞争的新焦点，必须加快相关领域的科技创新、产业化应用和人才培养。

自测自评

一、不定项选择题

1．提升（　　）是维护国土安全的前提和保障。

A．国家综合实力
B．国家军队实力
C．国家经济实力
D．科技创新能力

2．完善的国土安全法律法规体系，是维护国土安全的依据。为了维护国土安全，我国出台的法律法规有（　　）。

A．《中华人民共和国陆地国界法》

B．《中华人民共和国领海及毗连区法》

C．《中华人民共和国数据安全法》

D．《反分裂国家法》

3．（　　）是工业的粮食、国民经济的命脉、民生改善的保障。

A．国土
B．生态系统
C．能源
D．信息技术

4．（　　）是维护我国网络安全的根本指导思想。

A．习近平文化思想

B．马克思主义理论

C．全面深化改革

D．习近平总书记关于网络强国的重要思想

5．当前，我国核安全总体保持稳定，但核安全风险始终存在。在新时代背景下，我国维护核安全的途径和方法有（　　）。

A．坚持正确核安全观，打造全球核安全命运共同体

B．坚持和发展新时代"枫桥经验"

C．强化国家责任，构筑严密持久防线

D．强化国际合作，推动协调并进势头

二、判断题

1．生态保护红线以内的区域原则上应按照限制开发区域的要求进行管理。（　　）

2．煤炭、石油、天然气等化石燃料属于可再生资源。（　　）

3．一个国家如果出现生物安全问题，将会严重影响到民众健康、经济运行、社会秩序、国家安全和政局稳定。（　　）

三、简答题

1．简述国土安全的科学内涵。

2．在新时代背景下，我国生态安全面临的风险挑战有哪些？

3．可再生资源安全主要包括哪些内容？

4．在新时代背景下，我国可从哪些方面着手维护国家网络安全？

 以辨理

 以案说理

》案例①

曾被宣布"野外灭绝"的长江鲟实现自然繁殖

2023 年 3 月 26 日，四川省宜宾市江安县传来了振奋人心的消息。在长江鲟野外繁殖试验中，此前被宣布"野外灭绝"的长江鲟，在时隔 23 年后，首次在天然水域实现自然

产卵，并顺利孵化出首批长江鲟幼苗，这标志着长江鲟野外种群的恢复跨出了极为关键的一步。

长江鲟是国家一级保护动物，也是长江独有的珍稀野生动物，被称为"水中大熊猫"，对于水质等生存环境的要求极高。科研调查显示，2000 年，长江鲟野外繁殖停止；2022 年 7 月，世界自然保护联盟（IUCN）认定长江鲟"野外灭绝"。但是，我国从未停止对长江鲟野外种群恢复重建的努力与探索。

在 2016 年 1 月举行的推动长江经济带发展座谈会上，习近平总书记为长江治理开出了治本良方，提出要"共抓大保护、不搞大开发"。多年来，在这一理念的指引下，四川等地一直在进行长江鲟的人工繁育、增殖放流与科学研究，以推进对长江流域生物多样性的保护。

自 2022 年 7 月起，我国农业农村部长江流域渔政监督管理办公室会同四川省农业农村厅在四川省宜宾市江安县竹岛长江夹江区域，开展人工调控下的长江鲟野外自然繁殖试验。

2023 年 3 月 19 日，中国水产科学研究院长江水产研究所、四川省农业科学院水产研究所等科研机构，将雌雄各 10 尾长江鲟性成熟亲本投放至空间大小为 45 立方米的人工产卵巢内，通过人工调控水流速度和模拟产卵河床环境，引导长江鲟在天然水域进行自然产卵和交配受精，并利用水下摄像机进行 24 小时不间断的现场监测。自 3 月 21 日起，长江鲟出现自然排卵和受精行为。3 月 24 日，在试验点水域，长江鲟鱼卵开始孵化。3 月 25 日至 26 日，鱼卵大量出苗，这标志着长江鲟野外繁殖试验取得成功。

这一成果的背后，是科研人员多年的努力和坚持。牵头主持此次长江鲟野外繁殖试验的中国水产科学研究院长江水产研究所研究员杜浩表示，这次繁殖的受精率在 50% 以上，这是全球首次在天然水域实现长江鲟的自然繁殖。这一突破消除了人们对长江鲟是否具备野外繁殖能力的疑虑。此次长江鲟从多年来的室内人工繁殖走向野外自然产卵，为长江鲟实现自然繁殖和野外种群的恢复重建带来了新的希望。

（资料来源：王洪江、朱虹、陈建华，《时隔 23 年后 曾被宣布"野外灭绝"的长江鲟实现野外繁殖出苗》，人民网，2023 年 3 月 27 日）

✎ 评析：

生态安全关系人民福祉，关系中华民族永续发展。长江鲟野外繁殖试验的成功是长江流域生态系统恢复的一个积极信号，更是我国在维护国家生态安全方面取得的重要成果。近年来，我国不断推进生态文明建设，生物多样性保护取得了显著成效。这些成就不仅在国内产生了积极影响，还在国际上赢得了广泛赞誉。

然而，当前我国生态安全形势依然严峻，生态文明建设仍处于压力叠加、负重前行的关键期。面对环境污染、生态破坏、生物多样性丧失等突出问题，我国必须深化生态文明改革，强化保护修复，维护生物多样性，加强国际合作，推动生态文明建设不断取得新的更大成就，从而为中华民族的永续发展奠定坚实的生态基础。

 **案例 ②**

看似"人工智能"，实则"人为陷阱"

"妈，8 000 元不够，给我转 1.5 万元吧。"一位母亲正和在外地上学的女儿进行视频通话，听着女儿在视频里撒娇抱怨"生活费不够用了"，她心疼不已，打算立刻给女儿转账。就在这时，家门打开了，她的"真女儿"走了进来。而视频另一头的"假女儿"还在央求母亲"给生活费"。

这是一则 AI 反诈宣传视频。在这条视频的评论区中，不少网友反映自己也有过类似的被骗经历，"骗子来电，声音、容貌和我家人一模一样"。

随着人工智能技术的飞速迭代发展，AI 时代已经到来，"眼见为实"的传统观念已不再完全适用。一些别有用心的不法分子利用 AI 换脸拟声技术实施诈骗，已然成为一种新型骗局。

公司老板 10 分钟被骗走 430 万元

2023 年 4 月 20 日 11 时 40 分左右，福州市某科技公司法人代表郭先生的好友突然通过视频通话联系他，声称自己的朋友在外地投标，需要 430 万元保证金，且需通过对公账户过账，想借用郭先生公司的账户走账。好友向郭先生索要了银行卡号，然后声称已经把钱打到了郭先生的账户上，还把银行转账底单的截图通过微信发给了郭先生。

基于对好友的信任，加上已经通过视频通话核实了身份，郭先生没有核实钱款是否到账，就于 11 时 49 分先后分两笔将 430 万元转到了好友朋友的银行卡上。转账后，郭先生给好友发了一条微信消息，称事情已经办妥。但让他没想到的是，好友回过来的消息竟然是一个问号。郭先生立即拨打了好友的电话，得知对方对此事并不知情，郭先生这才意识到自己被骗。所幸警方及时介入，成功拦截了 336.84 万元。

AI"多人换脸"冒充公司高层人员，财务职员被骗 2 亿港元

2023 年 3 月，香港警方披露了一起 AI"多人换脸"诈骗案，涉案金额高达 2 亿港元。

在这起案件中，一家跨国公司香港分部的职员受邀参加总部首席财务官发起的"多人视频会议"，并根据指示将 2 亿港元分 15 次转到 5 个本地银行账户内。事后，他向总部查询才得知受骗。

据香港媒体报道，诈骗分子利用了人工智能的深度伪造技术，从国外视听网站上下载了视频，通过模仿公司高层人员的声音对该职员发出行动指示，再利用深度伪造技术制作伪冒视频，营造出多人参与视频会议的假象。实际上，会议中只有该职员一人为"真人"。这起案件不仅是香港历史上损失最惨重的"换脸"案，也是首次涉及 AI"多人换脸"的诈骗案。

在人工智能技术日新月异的今天，网络安全问题愈发严峻。公众应增强自我保护意识，学会辨别信息的真伪；企业应加强内部安全管理，防范诈骗风险。只有大家共同努力，加

强防范，才能确保个人和企业的财产安全，营造一个安全、稳定的网络环境，让科技真正为人类社会带来福祉。

（资料来源：程思琪、陈一飞，《看似"人工智能"，实则"人为陷阱"——揭开借助 AI 技术实施诈骗的新套路》，新华网，2024 年 3 月 14 日）

 **评析：**

> 网络事关国家安全、经济社会发展及人民群众的工作和生活，正在深刻改变和重塑人们的生产生活方式，为经济社会发展注入了新动能。然而，随着网络技术的不断发展与普及，尤其是人工智能技术的广泛应用，网络违法犯罪事件层出不穷，且形式多样。
>
> 在上述案例中，不法分子利用 AI 换脸拟声技术制造虚假信息、冒充他人身份，进而实施诈骗。这种行为侵犯了公民的肖像权与名誉权，造成了人民群众的严重财产损失，并对社会秩序和国家安全构成了威胁。针对此类问题，我国加强了立法保护，对技术应用设定了明确的规范，同时还利用人工智能技术快速识别并打击犯罪行为。此外，我国还设立了国家网络安全宣传周等活动，以提高公众的安全意识，使其能够警惕可疑内容。这些举措充分表明，我国正不断强化网络安全保障体系和能力建设，致力于构建一个安全、健康、有序的网络环境，保障人民群众在网络空间的合法权益，维护社会稳定。

▶▶ 案例 ③

菲律宾海警船非法冲闯南海岛礁

随着我国综合国力的持续增强和国际影响力的不断提升，我国在维护国土安全方面的能力也显著提高，陆地边境安全形势总体保持稳定。然而，仍需注意的是，我国在国土安全领域依然面临着一定的威胁和挑战。

在 2024 年 8 月 19 日凌晨，中国海警局发布了 3 条信息通报，揭露了菲律宾在南海地区的挑衅与侵权行动。据通报，菲律宾方面派遣了两艘编号为 4410 号和 4411 号的海警船，试图在中国南海的多个岛礁发起非法冲闯行动。这次行动的一个显著特点在于，菲方一改往日以"海警船+民船"组合侵权的模式，转而单独使用海警船进行挑衅。

最初，这两艘菲律宾海警船试图侵入中国仙宾礁邻近海域。面对中国海警的合法管理与控制，菲方在仙宾礁的侵权企图未能得逞。然而，4410 号海警船并未就此罢休，它不顾中方多次劝阻警告和航路管制，转向中国仁爱礁海域发起冲闯活动。仁爱礁局势历来紧张，此前中方就管控该区域局势与菲方达成了临时性安排，允许菲方在提前告知并经过中方现场确认的情况下，向非法"坐滩"军舰运送人道主义生活物资。但此次菲方的行动并未遵循双方达成的共识。

在中国海警依法对菲方 4410 号海警船进行管控的过程中，菲方船只采取了激烈的对抗行动。据中国海警公布的现场视频显示，在 8 月 19 日凌晨 3 时 24 分和 3 时 25 分，菲方 4410 号海警船接连两次向中国海警 21551 艇左舷发起冲撞。尤其是在 3 时 24 分，菲方 4410 号海警船在中国海警 21551 艇已经减速的情况下，仍然以加速状态实行冲撞；而在 3 时 25 分，则是突然转向冲撞中方海警艇。这些行为无疑是对中国领土主权和海洋权益的严重挑衅。

对于菲律宾这一挑衅侵权行为，中国外交部新闻发言人表示，中方始终致力于通过对话协商妥善处理中菲之间的涉海争议。希望菲方能够信守承诺，切实遵守同中方达成的共识和安排，不要采取使局势复杂化的举动，同中方共同管控好海上局势。中国海警局新闻发言人则表示，中国海警将依法在中国管辖海域持续开展维权执法活动，坚决挫败一切侵权挑衅行径，坚决维护国家领土主权和海洋权益。

（资料来源：樊巍，《菲海警船接连冲闯南海岛礁、故意冲撞我海警艇！专家：意图试探中方底线，菲方显然误判形势》，《环球时报》，2024 年 8 月 20 日）

评析：

基于充分的历史和法理依据，中国对包括仙宾礁在内的南沙群岛及其附近海域拥有无可争辩的主权。此次菲律宾两艘海警船非法闯入中国南沙群岛邻近海域，并故意冲撞中国海警艇的行为，是对中国领土主权和海洋权益的严重侵犯。面对这种挑衅，中国始终保持克制，坚持通过对话协商解决争端，展现了大国的责任与担当，维护了国际法和国际关系秩序的尊严。

这一事件也向世界表明，中国将坚定不移地走和平发展道路，但这绝不意味着中国会牺牲自己的主权和权益。无论过去、现在还是将来，任何企图挑战中国底线的行为只能是搬起石头砸自己的脚。中国人民维护领土主权和海洋权益的决心坚定不移。

案例 4

伸向稀土的境外黑手

稀土作为现代工业中不可或缺的重要元素，广泛应用于尖端科技领域和军工领域。凭借资源储量丰富、冶炼分离技术先进、产业链完整、战略储备体系完备等优势，我国稀土产业在世界稀土产业中占据了龙头地位。然而，这也引起了境外势力的高度关注。他们千方百计获取我国稀土收储的内部数据，企图影响我国稀土产业的优势地位，使我国在国际战略博弈中受制于人。

2017 年，一家境外有色金属公司的中国籍雇员叶某，以商务拜访的名义与我国国内一家稀土公司的业务科长成某结识。两人因年龄相仿而很快熟络起来，成某也在叶某的陪同下多次前往境外进行回访。在工作联系日益密切的过程中，叶某以境外客户合作需要为由，频繁向成某索要稀土行业相关数据。为了维护客户关系，成某明知有泄密的风险，但仍心存侥幸，多次将数据提供给叶某。

随着成某在稀土公司的职位不断提升，他意识到自己的"价值"越来越高，对金钱的渴望也愈发强烈。于是，他主动提出通过第三方公司参与的形式，与叶某共同合作赚取稀土贸易差价。叶某思索片刻后，拍板答应了这一提议。在双方的合作中，成某独自享有一半利润，而作为交换，他需要持续向叶某提供稀土行业的内幕信息。截至案发前，成某通过现金收取、境外汇款等方式共获利约 51 万美元，其中大部分被他用于妻女在境外的支出。

法网恢恢，疏而不漏。我国国家安全机关经过缜密侦查，最终成功破获了这起案件。2023 年 11 月，江西省南昌市中级人民法院分别以为境外收买、非法提供国家秘密罪判处叶某有期徒刑 11 年，以为境外非法提供国家秘密罪、受贿罪判处成某有期徒刑 11 年 6 个月。

（资料来源：安平，《案情剖析|伸向稀土的境外黑手》，
国家安全部微信公众号，2024 年 9 月 12 日）

✎ 评析：

资源是经济社会发展的重要物质基础。其中，稀土资源因其在现代工业和国防科技领域中的关键作用，而成为国际竞争的焦点。在上述案例中，境外公司通过利诱和经济利益捆绑，成功窃取了我国稀土产业的核心机密。这种行为不仅违反了我国法律法规，而且对我国稀土资源安全构成了直接威胁。国家安全机关对此案的成功破获，不仅彰显了我国打击资源领域犯罪的决心和能力，也进一步凸显了资源安全的重要性。

资源安全不仅关乎经济利益，更关乎国家安全和国际竞争力。我国必须加大对法律法规的执行力度，提高公民和企业的安全意识，强化内部管理，确保国家秘密和资源信息的安全。同时，要在国际合作中保持警惕，防止技术和资源的非法外流，确保国家的长期发展和安全不受侵害。

▶▶ 案例 ⑤

"华龙一号"：中国核电走向世界的"国家名片"

2023 年 5 月 5 日，我国自主三代核电技术"华龙一号"全球首堆示范工程——中核集团福清核电 5、6 号机组通过竣工验收。"华龙一号"全球首堆示范工程全面建成，显著提升了我国核电的全球竞争力，对优化我国能源结构、推动绿色低碳发展具有重要作用。

"华龙一号"的设计寿命长达 60 年，它采用国际最高安全要求和最新技术标准，独创"177 堆芯布置"和"能动与非能动相结合"的安全设计理念，创新核岛与安全壳设计，应用数字化与智能化技术推动建设，具备安全性和经济性突出的特点，技术指标达到国际先进水平，被誉为国之重器、"国家名片"。

从水压试验的成功，到响应火险的迅速处置，再到 6 号机并网的圆满完成，"华龙一

号"的每一个重要里程碑都凝聚着无数科研人员的心血与智慧。作为"华龙一号"首批高级操纵员,李宗霖亲身经历了这些激动人心的时刻。他自豪地表示,根据世界核电运营者协会(WANO)的评价标准,"华龙一号"两台机组的 WANO 综合指数均达到了满分,这标志着其生产运营绩效已经跻身国际先进行列。

随着国内核电建设不断提速,"华龙一号"也逐渐迎来批量化、规模化建设的阶段。2023 年 2 月,我国出口巴基斯坦的两台"华龙一号"机组在建成投产后正式交付,这标志着"华龙一号"技术已经得到了国际市场的认可与信赖。2024 年,福建漳州核电基地、中广核广西防城港核电站等多个项目加速推进,多个"华龙一号"机组相继投产。截至 2024 年 10 月,"华龙一号"在国内外共有 6 台机组建成运行,27 台机组在建,成为全球在运在建机组总数最多的三代核电技术。

"华龙一号"可以批量化、规模化建设的一个重要支撑,就是产业链产能的稳定可靠。据悉,"华龙一号"首堆设备国产化率高达 88%,在批量化建设阶段超过了 90%。这一成就不仅带动了上下游产业链 5 300 多家企业的共同成长,还提高了关键技术、关键零部件和重要材料的自主可控水平,为打造自主可控、安全可靠的核能产业链奠定了坚实基础。

秉持着持续创新的理念,"华龙一号"致力于实现技术上的全面优化,旨在打造更安全、更经济、更智能的核电解决方案。在智能化领域,"华龙一号"已率先实现了核电设计与信息技术的深度融合,如"华龙天眼"主控室智能辅助系统。该系统成功将主控操纵员的巡检时长从以往的 2 个小时大幅缩减至 10 分钟,极大地提升了工作效率与操作的准确性。未来,"华龙一号"将继续坚持这一创新路径,不断提升自身的技术水平和综合竞争力。我们有充分的理由相信,在不远的将来,"华龙一号"将为中国乃至全球的能源绿色低碳转型贡献更加突出的力量,成为照亮未来之路的一颗璀璨明珠。

(资料来源:高敬,《"华龙一号":中国核电走向世界的"国家名片"》,

新华社,2024 年 10 月 25 日)

📝 评析:

核电作为一种低碳、高效的能源形式,正逐渐成为应对气候变化、保障能源安全的重要力量。然而,核电的发展始终伴随着核安全的挑战。中国作为世界上核电发展最为迅速的国家之一,始终将核安全视为核电发展的生命线。正是在这样的背景下,中国自主研发的"华龙一号"核电技术应运而生。它不仅展示了中国核电技术的最新成就,还在核安全领域树立了新的标杆。

而我国成功将"华龙一号"出口至巴基斯坦的举措,则体现了我国开放包容的合作精神,表明我国正积极致力于防范化解核安全风险,携手国际社会共同打造核安全命运共同体,为维护全球核安全贡献力量。

看鉴历史

中国第一颗人造地球卫星："东方红一号"

1970 年 4 月 24 日，中国首枚运载火箭"长征一号"成功将中国首颗人造地球卫星"东方红一号"发射升空。卫星顺利进入预定轨道，连续运行了 28 天（设计寿命为 20 天），获取了大量工程遥测数据，并成功播送了《东方红》乐曲。"东方红一号"卫星的成功发射是中国航天史上一个新的里程碑，标志

中国第一颗人造地球卫星

着中国成为继苏联、美国、法国、日本后世界上第 5 个独立自主研制和发射人造地球卫星的国家。

此后，中国航天事业阔步前行。"嫦娥"揽月、"祝融"探火、"羲和"逐日、"北斗"指路、"天和"遨游星辰……一个个航天器穿梭太空的轨迹，一次次航天员飞向太空的身影，共同谱写了中国航天的辉煌篇章。

请扫描二维码"中国第一颗人造地球卫星"，深入了解"东方红一号"卫星的研制历程，感受自力更生、艰苦奋斗、大力协同、无私奉献、严谨务实、勇于攀登的航天精神。然后，谈谈我国积极探索浩瀚宇宙、发展航天事业、建设航天强国的原因。

行 以修身

 击鼓传花： 国家安全知识互动问答

活动背景

在总体国家安全观的指导下，国家安全已涵盖政治、军事、国土、经济、文化、社会、科技、网络、生态、资源、核、海外利益、太空、深海、极地、生物等诸多领域。可以说，国家利益拓展到哪里，国家安全边界就跟进到哪里。

鉴于国家安全领域的广泛延伸，每位公民都应积极增进对国家安全的认识，大力增强国家安全意识。在此背景下，请同学们以击鼓传花的形式，开展一场国家安全知识互动问答活动。

活动步骤

（1）班委成员确定活动的时间和地点，并负责准备活动所需的道具，包括击鼓道具、传递的花球、问答题的题目卡片和答案卡片等。

（2）班委成员给全班每位同学分发一张空白题目卡片和一张空白答案卡片。同学们各自提前搜集关于国土安全、生态安全、资源安全、网络安全、核安全、生物安全、太空安全、深海安全和极地安全等国家安全领域的相关知识，设计题目并准备好相应的答案，分别写在题目卡片和答案卡片上。答案卡片由同学们自己保留，题目卡片则需要上交。

（3）全班同学在班级中选出 1 名主持人，由其负责收集同学们填写好的题目卡片。

（4）活动开始前，主持人简要介绍此次活动的背景及意义，并宣布活动的具体规则。

（5）全班同学围成一个圆圈，准备开始活动。主持人按照一定的节奏击鼓，同学们需要按照既定方向（如顺时针）迅速传递花球。其间，主持人可以灵活调整击鼓节奏，以增强活动的紧张感和趣味性。

（6）鼓声停止时，手持花球的同学需要从主持人手中抽取一张题目卡片，并回答问题。出题者对照手中的答案卡片进行核对。回答正确者，可获得小礼品；回答错误者，需要接受惩罚，如表演一个小节目、分享一条国家安全知识等。

（7）活动结束后，全班同学围绕活动展开讨论，分享各自在活动中的感受与收获。然后，主持人或班委成员对活动进行总结。

活动拓展

（1）维护国家安全是全体中国公民的共同责任。请同学们结合自身在国家安全知识互动问答活动中的所学、所感，用一段简洁明了的话语，提出自己对于未来国家安全教育的建议或期望，为维护国家安全贡献自己的智慧与力量。

（2）在我国的发展历程中，无数仁人志士在各自的专业领域内默默耕耘，为维护国家安全做出了不可磨灭的贡献。请同学们从国土安全、生态安全、资源安全、网络安全、核安全、生物安全、太空安全、深海安全和极地安全等领域中自主选择一项，深入了解一位为维护该领域安全做出杰出贡献的著名人物的故事，并记录自己的学习感悟。

_____

_____

_____

_____

_____

_____

_____

活动评价

全班同学可参考表 9-1 对自己在活动中的表现进行评价，并请教师进行点评。

表 9-1　实践活动评价表

考核内容	评价标准	分值	得分
活动实施	能够通过多种途径搜集各领域国家安全的相关资料，完成问答题题目卡片和答案卡片的填写	15	
	积极参与国家安全知识互动问答活动，并自觉维护活动秩序	15	
	能够在交流讨论中真诚地分享自己的感受与收获	10	
活动成果	所提出的关于国家安全教育的建议与期望具有创新性、可行性和针对性	15	
	所写的对著名人物故事的感悟，展现了个人深刻的思考和独到的见解	15	
综合素养	具有良好的信息搜集、筛选、整理和归纳能力	15	
	能够树立国家安全意识，自觉维护国家安全	15	
合计		100	
教师评价			

第十章

争做总体国家安全观坚定践行者

案例引入 —— "桃花运" 还是 "桃花劫"

　　某大二学生小刘通过交友软件结识了一位自称"小敏"的网友。两人在网络上交流数日后，关系迅速升温。其间，"贴心"的"小敏"主动给小刘介绍了一份杂志社的兼职工作，工作内容是到当地港口拍摄游客和游艇的照片，每次拍摄完成后可获数百元报酬。小刘认为这份兼职工作既能让自己赚外快，又能帮助自己博取"小敏"的芳心，可谓一举两得，于是欣然答应。随后，在"小敏"的诱导下，小刘用境外通信软件为境外间谍拍摄了多张我国军舰停靠和进出港的照片，实施了可能危害我国国家安全的行为。法网恢恢，疏而不漏，国家安全机关很快发现并依法制止了小刘的不法行为。小刘虽未被追究刑事责任，但其学习和生活都受到了严重的影响。

　　小刘的亲身经历为涉世未深的青年群体敲响了警钟。当前，境外间谍情报机关蛊惑、诱导我国青年群体为其所用的方式越来越隐蔽。在此情形下，新时代的青年群体应提高警惕，学会识别和防范境外间谍情报机关布设的各种陷阱，增强国家安全意识，积极学习相关法律法规，明确自己的行为边界，切实履行维护国家安全的责任与义务。

学习引航

知识目标

❖ 认识国家安全是最大的安全，把握国家利益是最根本的利益，明确在筑牢国家安全意识中坚定捍卫国家利益的实践要求。

❖ 明确忧患意识是中华民族的重要精神特质，领悟在斗争中增长才干的基本要求，深刻把握忧患意识和斗争精神的时代要求。

◇ 深刻理解维护国家安全是全民责任的内涵，明确维护国家安全的法定义务及积极
参与国家安全教育的实践要求。

素质目标

◇ 增强国家安全意识，坚持国家利益至上。

◇ 发扬斗争精神，争做有理想、敢担当、能吃苦、肯奋斗的新时代好青年。

◇ 积极参加全民国家安全教育活动，推动总体国家安全观深入人心。

学 以明义

 要点击破

○ **请你思考**：新时代大学生应如何做总体国家安全观的坚定践行者？

● **内容点拨**：（1）增强国家安全意识，坚持国家利益至上。第一，要认识国家安全是最
大的安全；第二，要把握国家利益是最根本的利益；第三，要在筑牢国家
安全意识中坚定捍卫国家利益。

（2）增强忧患意识，发扬斗争精神。第一，要深刻认识到忧患意识是中华
民族的重要精神特质；第二，要在发扬斗争精神中不断增长才干；第三，
要把握好忧患意识和斗争精神的时代要求。

（3）增强社会责任，形成维护国家安全合力。第一，要明确维护国家安全
是全民责任；第二，要履行维护国家安全的法定义务；第三，要积极参与国
家安全教育。

○ **请你思考**：新时代大学生应如何树牢国家安全是最大的安全这一正确认识？

● **内容点拨**：（1）认真学习马克思主义国家学说，运用马克思主义国家学说的基本原理
深入认识国家的本质、职能及社会主义国家的显著制度优势，在国家问题
上始终保持理论上的清醒，树牢国家安全是最大的安全这一正确认识的理
论基础。

（2）深刻掌握总体国家安全观的实践要求，积极参与维护和塑造国家安全
的工作，在学习和生活中不断树牢国家安全是最大的安全这一正确认识的
实践基础。

（3）全面把握党的人民立场，始终坚持以人民安全为宗旨践行总体国家安
全观，树牢国家安全是最大的安全这一正确认识的价值基础。

请你思考：中国国家利益的内涵是什么？

内容点拨：中国国家利益在根本上主要是指国家的主权和领土完整，实现祖国完全统一，建设社会主义现代化国家，实现中华民族伟大复兴。其中，在中国共产党领导下，全面建设社会主义现代化国家，以中国式现代化全面推进中华民族伟大复兴，是中国国家利益的集中体现和根本要求。

请你思考：新时代大学生应如何在筑牢国家安全意识中坚定捍卫国家利益？

内容点拨：（1）不断厚植爱国主义情怀。

（2）正确认识和科学把握新时代国家利益面临的风险挑战。

（3）树牢构建人类命运共同体的时代自觉。

请你思考：新时代大学生在斗争中增长才干的基本要求是什么？

内容点拨：加强对马克思主义世界观的学习，相信科学、学习科学、传播科学，树立正确的人生观、价值观。在攀登知识高峰中追求卓越，在肩负时代重任时务实苦干，在真刀真枪的实干中成就一番事业。

请你思考：对于大学生而言，把握好忧患意识和斗争精神的时代要求是什么？

内容点拨：（1）明大势，即准确理解新时代的内涵和意义、深刻把握新时代新征程的使命任务，明确当代中国发展的历史前进方向，在坚持和发展新时代中国特色社会主义中找准自己的人生定位，实现国家"大我"和个人"小我"的有机结合，不断为更有时代意义的人生价值努力学习，增长才干，服务祖国。

（2）明大理，即不断加强对忧患意识和斗争精神的学习，不断锤炼使命意识，参与和推动新时代伟大斗争。

（3）树牢底线思维，即能够在忧患意识和斗争精神的基础上形成对发展中风险的预判、防范和化解。

请你思考：《中华人民共和国国家安全法》规定的公民和组织应当履行的维护国家安全的义务是什么？

内容点拨：（1）遵守宪法、法律法规关于国家安全的有关规定。

（2）及时报告危害国家安全活动的线索。

（3）如实提供所知悉的涉及危害国家安全活动的证据。

（4）为国家安全工作提供便利条件或者其他协助。

（5）向国家安全机关、公安机关和有关军事机关提供必要的支持和协助。

（6）保守所知悉的国家秘密。

（7）法律、行政法规规定的其他义务。

任何个人和组织不得有危害国家安全的行为，不得向危害国家安全的个人或者组织提供任何资助或者协助。

✍ 自测自评

一、不定项选择题

1.《中华人民共和国国家安全法》规定，每年的（　　）为全民国家安全教育日。

A．4月15日　　　　　　　　B．4月16日

C．4月13日　　　　　　　　D．4月14日

2.（　　）是中国国家利益的集中体现和根本要求。

A．实现祖国完全统一　　　　B．维护国家独立、主权和领土完整

C．实现中华民族伟大复兴　　D．构建人类命运共同体

3.（　　）是中华民族的重要精神特质，是贯穿中华民族发展史的鲜明精神主线和深厚战略文化。

A．忧患意识　　　　　　　　B．斗争精神

C．爱国主义情怀　　　　　　D．底线思维

4. 新时代大学生要想把握好忧患意识和斗争精神，就必须（　　）。

A．准确理解新时代的内涵和意义、深刻把握新时代新征程的使命任务

B．不断加强忧患意识和斗争精神的学习，不断锤炼使命意识

C．努力树牢底线思维

D．为更有时代意义的人生价值努力学习

二、判断题

1. 最大的国家安全是人民江山的安全，捍卫国家安全在根本上就是捍卫人民的江山。（　　）

2. 斗争精神是中华民族的民族心、民族魂。（　　）

3. 一个国家的国家安全意识和维护国家安全的能力，很大程度上体现在新时代的青年人身上。（　　）

三、简答题

1. 新时代大学生应如何增强忧患意识、发扬斗争精神？

2．新时代大学生应如何在筑牢国家安全意识中坚定捍卫国家利益？

3．简述《中华人民共和国国家安全法》规定的公民和组织应当履行的维护国家安全的义务。

 以辨理

>> 案例 ①

在极地书写青春华章

自1984年11月我国首支南极考察队赴南极科考以来，经过一代又一代极地科考工作者的不懈努力，我国极地事业实现了从无到有、由弱到强的跨越式发展，取得了一系列令人瞩目的成就。众多青年科考工作者以青春姿态挺膺担当，奋战在我国南北极科考工作的最前沿，为我国乃至人类的极地事业做出了卓越的贡献。

安家春：让科研更好地服务国家极地战略

安家春是一名85后，截至2024年5月，他从事极地科考工作已将近18年。在此期间，他2次参加南极科考，6次参加北极科考。

在2011年至2012年的我国第28次南极科考中，安家春参与建立了我国在西南极的第一套连续实时观测验潮系统，为推动我国海平面变化的研究做出了重要贡献。此后，安家春将科考重心转向全球升温最快的区域之一———北极。

自2014年以来，安家春在北极地区主要依托中国北极黄河站开展工作。在工作期间，他和科考队的同事们为我国极地事业的发展解决了诸多难题。例如，为提高对冰川监测的精度和分辨率，他们开始了GNSS（全球导航卫星系统）冰川连续站的建设。又如，针对

常规冰面监测站频繁倒伏、数据存储和传输不稳定，使我国科考队无法获得连续观测资料的问题，他们创造性地将冰川连续站设计为正四面体状，极大地增强了冰川监测的稳定性。同时，他们还解决了野外供电困难、低温下仪器稳定性差等一系列问题。

安家春和科考队的同事们深知极地研究在科学研究中占据的重要地位。他们表示，未来将继续立足极地，放眼全球，胸怀"国之大者"，用燃烧的青春在这片白色荒原上烙下坚实的足迹，为我国的极地战略贡献更多的青春力量。

耿通：向着南极内陆冰盖海拔最高地区进发

耿通是一名95后学生。2023年12月16日，耿通首次参加极地科考。他跟随中国极地科考团队，从距离中国南极中山站西南7千米处的内陆出发基地出发，穿越荒无人烟的南极高原，途经中国南极泰山站，向着中国南极昆仑站挺进。

在漫长的征途中，耿通和科考队的同事们白天赶路，晚上就在冰原上露营休息，一路克服了高寒缺氧、恶劣天气等诸多困难，深入南极内陆1 200多千米处，布设了许多相关的科研仪器，获取了大量珍贵的一手科研数据。

在布设科研仪器时，耿通需要使用手机软件进行测试等工作。为了方便触屏，在当地平均气温只有零下二十多摄氏度的条件下，耿通每次都会脱下厚手套，只戴着薄手套操作。某次野外作业后，耿通右手几根手指的指尖都出现了大片发白的状况。随队医生诊察后认为他的手指已中度冻伤，继续作业可能会使他失去手指，建议他立即停止野外作业。但耿通说："相比其他参与过多次南北极科考的前辈们遇到的困难，这点小伤不算什么。"

耿通认为，中国极地事业的接力棒已经交到了新一代青年手中，他必须脚踏实地完成学业，在实践中不断积累经验、提升能力，努力追赶前辈们的脚步，向更多极地的未知领域迈进。

张保军：参与建成我国在南极的第五个考察站

2013年11月，当时还是学生的张保军，跟随中国第30次南极科考队出征南极，执行科考站建设及维护等越冬任务，一干就是400多天。

2023年12月，身为研究员的张保军，和他的同事们乘坐"雪龙2"号破冰船，抵达罗斯海新站附近海域，开始建设我国在南极的第五个考察站——中国南极秦岭站。

建站期间，张保军和科考队的同事们每天的工作时长都在13个小时左右。不仅如此，他们还想方设法克服了由南极极寒干燥环境带来的一系列难题。例如，用于主体建筑的幕墙板保护膜，在国内用手轻轻一揭就能揭开，但在南极极寒干燥的环境下，需要用两个小时才能揭开。为了提高效率，张保军和科考队的同事们尝试了用电热毯焐、用暖风机吹、烧热水等不同方法，最终将每张膜的揭开时间缩短到了10多分钟。

经过100多名科考队员52天的昼夜奋战，2024年2月7日，我国在南极的第五个考察站——中国南极秦岭站正式建成并投入使用。这是继中国南极长城站、中国南极中山站之后我国第三个南极常年考察站，填补了我国南极科考布局的空白，为评估南极生态环境

和气候变化提供了基础支撑。

作为两赴南极的科考人，张保军心里还有一个愿望，那就是让自己的足迹遍及每一座中国考察站。

（资料来源：范昊天，《在极地书写青春华章》，

《人民日报》，2024 年 5 月 12 日）

✎ **评析：**

> 上述 3 位不同年代青年科考工作者的故事，不仅是个人奋斗的缩影，更是我国青年一代传承和发扬斗争精神的生动写照，彰显了我国青年一代在建设国家重大科研项目、维护国家安全、促进国家发展方面的使命担当。如今，在中国共产党的旗帜下，一代代中国青年把青春奋斗融入了党和人民的壮美事业，成为实现中华民族伟大复兴的先锋力量。
>
> 在新时代新征程上，中国青年有责任、有义务在习近平新时代中国特色社会主义思想的科学指导和精神感召下，在传承中发扬斗争精神，加强思想上的淬炼、政治上的历练、实践上的锻炼和专业上的训练，不断增长自己的才干和斗争本领，争做有理想、敢担当、能吃苦、肯奋斗的新时代好青年，在推进强国建设、民族复兴伟业中书写青年一代维护和塑造国家安全的奋斗人生。

▶▶ **案例 ②**

让青春之花绽放在祖国最需要的地方

在新时代新征程上，广大高校毕业生正以饱满的热情和昂扬的斗志，积极投身于国家建设的各个领域。他们中，有人步入军营，勇担使命；有人扎根海岛，教书育人；有人锤炼过硬本领，技能报国。他们的身影活跃在祖国最需要的地方，展现了新时代大学生脚踏实地、拼搏奋斗的青春风貌。

参军入伍，淬炼青春

青春有很多种色彩，但让某高校毕业生吴华佐最念念不忘的，是那抹军绿色。

成为一名军人，是吴华佐一直以来的梦想。每当看到军人的挺拔身姿、听闻他们的英勇事迹时，吴华佐都会由衷地感到钦佩。怀揣着成为一名军人的梦想，吴华佐在大一时就主动报名参军入伍，穿上了向往已久的军装。

第一次入伍时，吴华佐就感受到了军营生活的艰苦。当时正值夏日，演训场上热浪滚滚。训练期间，官兵们身上长满了痱子，每出一滴汗，都让他们难以忍受。但在如此艰苦的环境中，吴华佐仍在日记里写下这样的文字：没有过不去的坎，没有克服不了的困难，把每一次磨炼都当作机遇，方能百炼成钢。

两年后，吴华佐退伍返校，继续学业。回到学校的他不忘军人本色，积极投入征兵宣传、入伍政策讲解、组建国旗护卫队、筹建橄榄绿军事爱好者协会等工作中。毕业那年，他再次应征入伍，重回军营。

如今，吴华佐已投入到了新的训练当中。他始终以一个老兵的标准要求自己，不仅在训练场上干劲十足，还主动担任队列和体能小教官，为战友们讲解、示范动作要领。吴华佐说，"我希望能用自己的忠诚、担当与奉献，为实现强国梦、强军梦贡献自己的力量，让青春在祖国最需要的地方闪光。"

奔赴海岛，教书育人

某高校计算机科学与技术专业 2023 届的毕业生马依情，在毕业后选择扎根海岛，成为一名乡镇信息技术教师。

马依情出生于重庆市石柱县的一个偏远山村。在她小的时候，当地的教育资源相对匮乏，教学条件也相对艰苦。即便如此，为了实现山村孩子们的梦想，仍有一批又一批高校毕业生满怀知识和热忱投身于此。这些高校毕业生们的职业选择深深触动了马依情。

在大学期间，马依情曾到浙江山区某县城的一所中学实习。在实习时，马依情深刻认识到了教育事业的意义。每当看到山区孩子们渴望知识的眼神，她就更加坚定了从教的决心。马依情说，她希望通过自身所学，为海岛的孩子们讲授信息技术这门课，让他们了解计算机科学知识，看到更广阔的世界。

教育报国守初心，不辞长作海岛人。从山城到海岛，虽相隔千里，但对三尺讲台的赤忱和热爱，将如一盏明灯点亮马依情的人生长路，始终激励她在所热爱的教育事业中深耕细作、发光发热。

练好本领，技能成才

成为一名高素质技能型人才，一直是某高校学生卢琬的心愿。大一刚入学，卢琬就被其班主任介绍的高分子材料加工技术专业的科研项目所吸引。抱着多学知识的想法，她加入了某专业教师的课题组，围绕可降解包装材料的科研项目阅读了大量文献。

在大二的整个暑假期间，卢琬都待在学校的实训楼里。为研发出理想的生物可降解包装薄膜，她和课题组的同学们利用所学知识制备双向拉伸膜，再进行性能测试、数据分析，而后进一步调整加工工艺参数。经过一次次的产品制备和工艺优化，最终，在专业教师的指导下，卢琬和课题组的同学们研发出了具有耐高温等性能的生物可降解包装薄膜。

2023 年 3 月，卢琬和课题组的同学们获得了"挑战杯"中国大学生创业计划竞赛的银奖。就在那时，她也顺利接到了心仪工作的邀约。

未来，卢琬希望自己能在工作中脚踏实地，练就过硬技能本领，充分发挥所学，在实现民族复兴的征程上勇往直前。

（资料来源：丁雅诵、黄超、吴月，《让青春之花绽放在祖国最需要的地方》，

《人民日报》，2023 年 7 月 2 日）

大国崛起，青年担当。新时代以来，一批又一批坚定卓越、自信昂扬的中国青年务实苦干、投身梦想，在基层和人民中建功立业，为实现中国梦注入了源源不断的活力和创造力，为推动社会主义建设事业的发展贡献了青春力量。

然而，在当前复杂的发展环境下，我国仍需应对来自国际、国内的多重风险和挑战，仍需为夺取新时代伟大斗争的胜利而加倍努力。作为参与和推动新时代伟大斗争的重要力量，新时代青年必须在坚持和发展新时代中国特色社会主义中找准自己的人生定位，实现国家"大我"和个人"小我"的有机结合，不断为更有时代意义的人生价值努力学习，增长才干，服务祖国。

 案例 3

一次正义之"举"，网瘾少年破茧成蝶

一日，12339 国家安全机关举报受理电话急切地响起，一个年轻人的声音从电话那头传来，"喂，是国家安全局吗？我要举报……"

网瘾少年，惊险遭遇

小磊，原是某大学网络工程专业的学生，后因沉迷网络而辍学。辍学期间，小磊多次被父母送到戒网机构和心理咨询中心接受教育。在那段时间里，亲友们将他视为沉迷网络的"问题青年"。这一看法对他的精神造成了严重打击，导致他更加深陷于网络带来的虚幻"自由"感，无法自拔。

一天，小磊在浏览某网络论坛时发现，某境外组织在网络平台上大肆攻击、污蔑我国。愤愤不平的小磊据理力争，对该组织发布的反华言论予以坚决反击。但小磊的正义之举却使其成了该组织的"眼中钉"。该组织不仅通过各种方式"人肉"并曝光小磊及其父母的手机号码、银行账号等个人信息，还召集大量"水军"对小磊及其家人进行电话骚扰、威胁恐吓。面对如此情形，小磊感到惊慌失措。他不明白为什么说出事实就要遭受如此残酷的对待，他开始认识到"自由"的网络世界其实并不太平。

正确抉择，举报有功

在感到气愤和无措之时，小磊想起了社区宣传栏中关于国家安全的宣传标语——"遇到危害国家安全的行为，请及时拨打国家安全机关举报受理电话12339"。于是，小磊立即拨打了这个电话。

电话接通后，小磊向接线的国家安全机关干警简要说明了案情。国家安全机关干警对此高度重视，鼓励小磊携带相关证据到当地国家安全机关进一步反映情况。一挂断电话，小磊就对前期留存的证据资料进行了整理，并立即携带相关证据前往国家安全机关进行了举报。

经核查，小磊举报的情况属实。根据其提供的线索，国家安全机关开展缜密侦察，"顺藤摸瓜"找到了该境外组织的境内关系人，破获了一起重要案件。小磊因举报有功而获得了国家安全机关的表彰和奖励。

重拾信心，前途光明

该事件发生后不久，小磊在国家安全机关干警的鼓励下重返校园，重拾对生活和未来的信心。经过该事件，小磊完成了从网瘾少年到国家安全坚定维护者的成功蜕变。

（资料来源：安平，《一次正义之"举"，网瘾少年破茧成蝶》，
国家安全部微信公众号，2024 年 3 月 22 日）

评析：

近年来，随着国家安全机关宣传教育和人民防线工作的深入开展，广大人民群众越来越意识到国家安全与每个人息息相关。维护国家安全人人有责，小磊便是其中的一个典型代表。小磊在面对国家安全威胁时的正确抉择和行动，不仅展示了他个人的爱国主义情怀和"主人翁"意识，也凸显了对新时代大学生进行国家安全教育的重要性。

在新时代背景下，教育应当正确引导大学生充分认识和积极履行维护国家安全的公民责任。与此同时，大学生也应当担负时代使命，深入践行总体国家安全观，努力成为维护国家安全、促进国家发展的强大力量。

▶▶ 案例 ④

让总体国家安全观"飞入"百姓家

成立于 2019 年 3 月的西南政法大学大学生总体国家安全观宣讲团，是全国高校第一支大学生总体国家安全观宣讲组织。自成立至 2024 年 3 月，该宣讲团深入班级寝室、田间地头、工厂车间等，已累计开展线上线下宣讲 700 余场。2024 年 3 月，该宣讲团荣获"重庆市岗位学雷锋示范点"称号。

学思悟践，提升理论水平

西南政法大学大学生总体国家安全观宣讲团，由西南政法大学国家安全学院牵头组建，由该学院教学科研骨干担任专业指导教师。宣讲团成员遴选自该校国家安全学、法学、马克思主义理论等专业的学生。

为提升宣讲团的理论知识水平，学校定期邀请校内外国家安全领域的专家学者为其授课；与兄弟院校签署战略合作框架协议，主动寻求在国家安全学科建设和科学研究等方面的合作；将国家安全宣传教育纳入学校学科建设的整体布局，为总体国家安全观的宣传教育提供了系统融贯的学科基础支撑。

此外，宣讲团的成员们也会定期探讨热点安全问题、理论书籍，召开分享会，参加学术研讨会。为讲好、讲活国家安全宣传教育，宣讲团的成员们专门排练了朗诵节目《我们

拥有最多的英雄》；围绕"如何理解统筹发展和安全""树立反间谍法治意识"等主题筹备了新的宣讲大纲；编排了反映国家安全教育主题的原创歌曲《扬帆》……

行万里路，扩大宣讲影响力

自成立以来，宣讲团广泛开展各类国家安全教育活动。他们在重市庆两江新区管理委员会科普《中华人民共和国反间谍法》，在重庆市荣昌中学讲"粮食安全"，在重庆市秀山土家族苗族自治县凤翔小学讲"网络安全"，奔赴安徽省太和一中宣讲"总体国家安全观"，深入山西省晋城市皇宜村宣讲"核安全"，登上首趟川渝"总体国家安全观号"主题列车开展主题宣讲……他们以演讲、朗诵、故事会、微视频、知识问答等通俗易懂的形式宣传国家安全知识，走遍了全国20个区县和乡镇，走向了青少年学生、基层群众、干部职工，有效推动了总体国家安全观的"落地生根"。

从书本走向实践，从学校走向社区。在一场场基层宣讲中深化"大安全"理念，在与群众的一次次交流中强化国家安全意识，宣讲团的成员们真正做到了用脚步丈量中国大地，以实际行动争做德法兼修的时代新人。

创新形式，提升宣讲生命力

唯有创新形式，宣讲才有生命力。为产出更加贴近百姓生活的多媒体内容，宣讲团结合新时代信息传播的形式和青年群体的特点，探索运用"报、屏、网、微、端、播"等资源平台，挖掘和推出了许多既有温度又有深度的故事。

未来，西南政法大学大学生总体国家安全观宣讲团将继续创新宣讲形式，为普及总体国家安全观理论知识做出更卓越的贡献。

（资料来源：杨国良、冯颖、黄麟稀，《让总体国家安全观"飞入"百姓家》，

《中国教育报》，2024年4月15日）

✎ 评析：

　　西南政法大学大学生总体国家安全观宣讲团的实践，是高校在国家安全教育领域的创新尝试，也是高校大学生积极参与国家安全教育的生动例证。通过开展深入基层、贴近群众的宣讲活动，该宣讲团将总体国家安全观的理论知识转化为普通百姓能够理解和接受的内容，有效推动了总体国家安全观深入人心。而其对宣讲内容和形式的创新，更是提升了宣讲活动的吸引力和影响力，为国家安全教育的普及和发展提供了新的思路和方法。西南政法大学大学生总体国家安全观宣讲团以其实际行动和卓越成效，激励着新时代的大学生积极参与社会中的国家安全教育活动，履行好党和国家赋予大学生的使命，努力推动提高全社会的国家安全教育水平。

看鉴历史

以青春之我，创青春中国

1919 年，以先进青年知识分子为先锋的五四运动，唤醒了沉睡的大地，开启了一个伟大的觉醒年代；1921 年，一群平均年龄为 28 岁的中国青年建立了中国共产党，开启了中国革命的光明道路，掀起了改天换地的巨澜。

以青春之我，创青春中国

此后，一代又一代中国青年满怀对祖国和人民的赤子之心，在党的领导下，积极投身革命、建设、改革的伟大事业，用青春之我创造青春之中国、青春之民族，谱写了中国青年运动的壮美诗篇。

扫描二维码"以青春之我，创青春中国"，了解从五四运动到中华人民共和国成立期间的中国青年救国故事，感受中国青年深厚的爱国情怀和坚定的使命担当。然后，在此基础上思考：在新时代新征程上，青年一代的使命担当是什么？青年一代要如何作为，才能在维护国家利益、推动国家发展的广阔舞台上书写更加精彩的人生华章？

行 以修身

活动策划：让总体国家安全观深入人心

活动背景

总体国家安全观，是指导新时代我国国家安全工作的思想武器、根本遵循和实践指南，也是开展国家安全教育的理论指导、主体内容和行动纲领。在深刻复杂变化的国际国内环境中，在不断扩大开放的发展过程中，系统掌握总体国家安全观，增强维护国家安全的意识，提高维护和塑造国家安全的能力，是时代赋予大学生的使命要求。新时代大学生应将国家利益视为出发点、立足点，忠于祖国、忠于人民，坚定地成为践行总体国家安全观的宣传者和服务者。

请全班同学以小组为单位，根据下面的活动策划表（见表 10-1），围绕"让总体国家安全观深入人心"这一主题，策划一场国家安全宣传教育活动，并将活动策划的过程记录到表中。

教你写好策划书

表 10-1　活动策划表

活动安排	具体工作
人员分工	全班同学自由组合成若干小组，每组 6～8 人，并选出 1 名组长
搜集与整理资料	各小组成员通过多种渠道搜集与总体国家安全观相关的资料（如总体国家安全观的理论知识、我国国家安全法律法规、我国国家安全政策、国家安全相关案例等），并对搜集到的资料进行整理
确定活动形式	各小组成员共同讨论并确定国家安全宣传教育活动的形式，如发放宣传手册、拍摄微视频、开设专题讲座等
撰写活动策划书	各小组根据讨论的结果，参考二维码"教你写好策划书"中的内容，撰写国家安全宣传教育活动策划书
开展宣传活动	各小组成员依据活动策划书开展国家安全宣传教育活动
活动总结	国家安全宣传教育活动结束后，各小组成员进行自我评价和相互评价，并总结活动的亮点和不足
成果展示	各小组成员将本次活动的照片、视频等资料整理成册，并在校园宣传栏中进行展示，以进一步扩大国家安全宣传教育活动的影响力

活动拓展

通过撰写国家安全宣传教育活动策划书、开展国家安全宣传教育活动，相信同学们一定对总体国家安全观有了更加深入的了解。请同学们以小组为单位，设计 10 道与总体国家安全观相关的知识问答题目，并提供每道题的答案和解析。然后，所有小组两两配对，开展知识问答竞赛活动。

 活动评价

全班同学可参考表 10-2 对自己在活动中的表现进行评价，并请教师进行点评。

表 10-2　实践活动评价表

考核内容	评价标准	分值	得分
活动实施	能够通过多种渠道有效搜集与总体国家安全观相关的资料	10	
	在确定国家安全宣传教育活动形式时，能够积极参与小组讨论并贡献意见	10	
	认真学习活动策划书的撰写技巧，积极参与国家安全宣传教育活动策划书的撰写	10	
	能够依据所撰写的国家安全宣传教育活动策划书顺利开展国家安全宣传教育活动	10	
活动成果	所撰写的国家安全宣传教育活动策划书独具创意，结构清晰，内容准确	20	
	所设置的知识问答题目能够凸显国家安全教育的重点知识	10	
	在知识问答竞赛中多次答题，回答精准	10	
综合素养	积极推动总体国家安全观深入人心	10	
	具有较强的团队合作意识，能够与他人协作完成任务，并在团队中发挥积极作用	10	
合计		100	
教师评价			